Appetizer Deutsch

Ideen und Materialien für themenorientierte Stundeneinstiege

Alexandra Piel

Verlag an der Ruhr

Impressum

Titel
Appetizer Deutsch
Ideen und Materialien für themenorientierte Stundeneinstiege

Autorin
Alexandra Piel

Titelbildmotiv
Covermotive – Fotolia.com: © rangizzz (Buttler),
© Denys Rudyi (Servierglocke), © Artenauta (Gabel), © Duden

Lektorat
Dr. Daniela Rauthe

Verlag an der Ruhr
Mülheim an der Ruhr
www.verlagruhr.de

Geeignet für die Klassen 5–10

ISBN 978-3-8346-2619-6

Printed in Germany

Inhaltsverzeichnis

Inhaltsverzeichnis

Inhaltsverzeichnis

Vorwort

Wenn es Ihnen gelingt, Ihre Schüler mit einem überraschenden Impuls für ein Thema zu interessieren, sie motivierend auf das kommende Unterrichtsgeschehen einzustimmen und sie neugierig darauf zu machen, wie es weitergeht, haben Sie schon viel erreicht. Natürlich garantiert ein gelungener Auftakt noch keine erfolgreiche Unterrichtsstunde, doch mit einem **sorgfältig ausgewählten Einstieg** können Sie eine Menge dazu beitragen. Als **Bereicherung Ihres Methodenrepertoires** finden Sie hier 84 Ideen für abwechslungsreiche, ungewöhnliche und belebende Unterrichtseinstiege.

Egal, ob Sie in ein **neues Thema einsteigen**, **Gelerntes intensiver üben** oder sich einen **Überblick über den Kenntnisstand der Klasse** verschaffen wollen: Die vorgestellten Tipps geben Ihnen viele Anregungen dafür, wie Sie Ihren Unterricht einmal ganz anders anfangen könnten, als es Ihre Schüler von Ihnen gewohnt sind.

Die hier präsentierten Methoden **sprechen verschiedene Sinne der Schüler an, fördern das soziale Lernen** und **trainieren unterschiedliche fachliche Kompetenzen**. Bei Ihrer Entscheidung für eine bestimmte Art des Unterrichtseinstiegs sollten Sie sich nicht nur von inhaltlichen Überlegungen leiten lassen, sondern auch gruppendynamische Prozesse in der Klasse berücksichtigen. Des Weiteren sollten Sie aktuelle Ereignisse wie z. B. Klassenarbeiten oder Festtage, die sich auf die Stimmung in der Gruppe auswirken können, bei der Konzeption des Unterrichtsauftakts bedenken.

Die Einstiegsideen sind **fünf Kapiteln** zugeordnet, die sich an den Hauptbereichen des Deutschunterrichts orientieren:

- Richtig schreiben
- Grammatik vermitteln
- Sprechen und Zuhören
- Adressatengerechte Texte schreiben
- Lesen und Verstehen

Viele der Ideen sind jedoch nicht nur in den genannten, sondern auch in vielen anderen Bereichen einsetzbar.

Jede Methode wird auf **dieselbe Art und Weise präsentiert**: So können Sie sich schnell einen Überblick darüber verschaffen, für welche Jahrgangsstufen sich eine bestimmte Idee besonders eignet, wie viel Zeit Sie dafür einplanen müssen, welche Materialien Sie benötigen und welche Vorbereitungen zu treffen sind. Übrigens: Bei einigen der Vorschläge werden OHP und Folien genannt. Natürlich können Sie stattdessen auch Laptop und Beamer benutzen.

Bei manchen Einstiegen handelt es sich um kurze Impulse, andere sind zeitaufwändiger und bieten eine intensivere Auseinandersetzung mit der Thematik. Selbstverständlich können Sie die Bearbeitungszeit variieren oder den Schwierigkeitsgrad der Aufgaben verändern, wenn Ihnen das für Ihre Lerngruppe sinnvoll erscheint. Zu diversen Einstiegsmöglichkeiten liefert Ihnen das Buch bereits Vorschläge zur Abwandlung. Sicherlich haben Sie weitere Ideen, wie Sie die Anregung noch besser auf Ihre aktuelle Lerngruppe zuschneiden können. Vielleicht möchten Sie eine Übung lieber in Partnerarbeit oder Kleingruppen statt im Plenum durchführen? Oder wollen Sie etwas schriftlich statt mündlich erarbeiten lassen oder durch ein Zeitlimit einen Wettbewerbscharakter schaffen?

Probieren Sie es einfach aus und **experimentieren Sie mit den Anregungen**, bis etwas für Sie Passendes entstanden ist. Dabei wünsche ich Ihnen viel Erfolg. Denken Sie daran: Was heute schiefgeht, kann beim nächsten Mal, in einer anderen Gruppe, in einer anderen Stimmung dennoch klappen und allen Beteiligten viel Spaß machen.

Alexandra Piel

Zur Autorin

Alexandra Piel unterrichtet Niederländisch und Deutsch als Zweitsprache bei verschiedenen Bildungsträgern, u. a. am Sprachenzentrum der TU Dortmund. Außerdem bietet sie Fortbildungen für Lehrer und Erzieher rund um spielerische Sprachförderung und Methodenvielfalt an.

Sie hat bereits diverse Materialien für den Deutsch- und Fremdsprachenunterricht beim Verlag an der Ruhr veröffentlicht. Mehr über die Autorin erfahren Sie unter www.sprachspielplatz.de.

Richtig schreiben

Rechtschreibregeln puzzeln

Thema: Rechtschreibregeln
Ziel: Gelerntes einüben und wiederholen, Rechtschreibregeln einprägen
Alter: 5.–7. Klasse
Dauer: 10–15 Minuten
Sozialform: Gruppenarbeit
Material: auf Papierstreifen gedruckte Rechtschreibregeln in einzelne Wörter zerschnitten; pro Rechtschreibregel ein Briefumschlag

Vorbereitung

Schreiben Sie Rechtschreibregeln in ausreichender Schriftgröße (mindestens 16 pt) untereinander auf. Zerschneiden Sie den Ausdruck in Streifen und diese in einzelne Wörter und stecken Sie die Wortzettel, die zu einer Regel gehören, jeweils in einen Briefumschlag. Erstellen Sie zu jeder Regel einen Lösungsstreifen und legen Sie diesen ebenfalls in den Umschlag.

So geht's

Teilen Sie die Klasse in 3er- oder 4er-Gruppen ein. Jedes Team erhält einen Umschlag mit einer Rechtschreibregel. Die Schüler legen den Lösungsstreifen verdeckt auf den Tisch. Sie puzzeln die einzelnen Wörter gemeinsam zu einem korrekten Satz zusammen und prüfen mithilfe der Lösung ihr Ergebnis. Jeder Schüler schreibt die Regel in sein Heft. Anschließend legen alle die Wortzettel gut gemischt wieder in den Umschlag und tauschen ihn mit dem eines Teams, das eine andere Regel bearbeitet hat.

Variante

Die Schüler bekommen in Kleingruppen die Aufgabe, für ihre Mitschüler Puzzles mit Rechtschreibregeln selbst herzustellen.

Tipps

- Rechtschreibregeln finden Sie im Regelteil des Dudens (Band 1: Die deutsche Rechtschreibung) sowie im Internet unter www.duden.de/sprachwissen/rechtschreibregeln.
- Sammeln Sie im Anschluss an diesen Einstieg mit den Schülern Beispiele, die die verschiedenen Rechtschreibregeln veranschaulichen.

Silbensalat

Thema: Groß- und Kleinschreibung
Ziel: Einstieg in das Thema, typische Suffixe von Adjektiven und Nomen als Indikatoren für Groß- und Kleinschreibung erkennen
Alter: 5.–7. Klasse
Dauer: 5–10 Minuten
Sozialform: Einzel- oder Partnerarbeit
Material: pro Schüler bzw. Paar eine Kopie des Silbenrätsels

Vorbereitung

Erstellen Sie ein Silbenrätsel wie im Beispiel unten und kopieren Sie es in der benötigten Anzahl.

So geht's

Die Schüler bilden aus dem Silbensalat auf ihrem Arbeitsblatt Adjektive und Nomen und schreiben diese richtig mit Klein- und Großbuchstaben auf. Jedes zu findende Wort endet auf ein Suffix, an dem sich die Wortart und somit die Groß- bzw. Kleinschreibung erkennen lässt. Diese Silben sind im Rätsel durch Fettdruck hervorgehoben.

Beispiel:

AR – **BAR** – BEITS – ER – FAN – FEN – HEI – **HEIT** – HOL – KA – **KEIT** – KRI – LI – **LICH** – **LING** – LIS – LOS – MI – **MUS** – NA – NIED – OF – PI – **SAM** – SCHMET – SIE – TA – TA – **TÄT** – TER – TER – **VOLL** – WEIS

Aus den Silben lassen sich folgende Adjektive und Nomen bilden:

niedlich	Weisheit
arbeitslos	Heiterkeit
erholsam	Kriminalität
offenbar	Schmetterling
fantasievoll	Kapitalismus

Tipps

- Stellen Sie im Anschluss an diese Aufgabe alle Suffixe in einer zweispaltigen Tabelle (Großschreibung/Kleinschreibung oder Substantiv/Adjektiv) an der Tafel zusammen und sammeln Sie mit der Klasse weitere Wörter, die diese Endungen haben.
- Sie können auch noch weitere Suffixe ergänzen.

Wörterrätsel

Thema: Rechtschreibphänomene, z. B. Schreibung von Wörtern mit langem Vokal, Schreibung von Wörtern mit *ss* oder *ß*
Ziel: Einstieg in das Thema oder Gelerntes einüben und wiederholen, für bestimmte Rechtschreibphänomene sensibilisieren, Rechtschreibkompetenz verbessern
Alter: 5.–7. Klasse
Dauer: 5–10 Minuten
Sozialform: Einzel- oder Partnerarbeit
Material: pro Schüler bzw. Paar eine Kopie des Wörterrätsels

Vorbereitung

Erstellen Sie ein Arbeitsblatt mit Rätselaufgaben nach dem unten stehenden Muster und kopieren Sie es in der benötigten Anzahl.

So geht's

Jeder Schüler oder jedes Paar erhält ein Arbeitsblatt mit Rätselaufgaben. Informieren Sie die Klasse darüber, welches Rechtschreibphänomen untersucht werden soll (z. B. Wörter mit langem Vokal, Doppelkonsonanten). Die gesuchten Begriffe sind Beispiele für das betreffende Rechtschreibphänomen. In den folgenden Aufgaben werden z. B. nur Wörter gesucht, die ein Doppel-s enthalten:

- *anderes Wort für Straße (Lösung: Gasse)*
- *das Gegenteil von Liebe oder Zuneigung (Lösung: Hass)*

Variante

Die Schüler bekommen in Kleingruppen die Aufgabe, sich entsprechende Rätselaufgaben für die anderen auszudenken. Geben Sie ihnen dafür ein Rechtschreibphänomen, wie z. B. „Wörter mit Dehnungs-*h*", vor.
Die Gruppen tauschen ihre Rätsel untereinander aus. Damit die Klasse selbstständig arbeiten kann, sollten Sie die dazugehörigen Lösungen auf einem extra Blatt notieren und ebenfalls weitergeben.

Tipp

Zur Differenzierung können Sie leistungsschwächeren Schülern mit Strichen signalisieren, wie viele Buchstaben das jeweils gesuchte Wort hat, oder einzelne Buchstaben des gesuchten Begriffe vorgeben.

Rote oder gelbe Karte?

Thema: Schreibung von Wörtern mit *ss/ß*, *ä/e* oder *i/ie*
Ziel: Gelerntes einüben und wiederholen, Wissen abfragen/überprüfen, für bestimmte Rechtschreibphänomene sensibilisieren, Rechtschreibkompetenz verbessern
Alter: 5.–7. Klasse
Dauer: 5 Minuten
Sozialform: Klassenverband
Material: 2 Klassensätze an Karten (mindestens Karteikartengröße) in deutlich zu unterscheidenden Farben, z. B. rot und gelb; ggf. eine Liste mit Wörtern, in denen das betreffende Rechtschreibphänomen vorkommt

Vorbereitung

Stellen Sie ggf. eine Liste mit Wörtern zusammen, die das zu untersuchende Rechtschreibphänomen enthalten.

So geht's

Jeder Schüler bekommt eine rote und eine gelbe Karte. Schreiben Sie an die Tafel, was die beiden Farben jeweils bedeuten, z. B.:

- rot = Wörter mit *ß*
- gelb = Wörter mit *ss*

Dann nennen Sie nacheinander Wörter, die entweder *ss* oder *ß* enthalten. Wenn die Schüler glauben, dass in dem Begriff das *ß* vorkommt, halten sie die rote Karte hoch. Sind sie der Ansicht, es handelt sich um *ss*, zeigen sie die gelbe Karte. Zur Kontrolle und Sicherung schreiben Sie jeweils das entsprechende Wort an die Tafel.

Variante

Statt mit unterschiedlich farbigen Karten können Sie die Übung auch mit Bewegung verbinden: So könnte z. B. festgelegt werden, dass die Schüler bei *ß* aufstehen und bei *ss* beide Arme hochhalten sollen.

Tipp

Sie können einige Schüler mit der Vorbereitung und Durchführung dieser Übung beauftragen. Dazu stellen sie eine Liste mit entsprechenden Wörtern zusammen, die sie den anderen langsam in beliebiger Reihenfolge nennen.

Vokalverzicht

Thema: Rechtschreibung, Arbeit mit dem Lernwortschatz
Ziel: Gelerntes einüben und wiederholen, Rechtschreibkompetenz verbessern
Alter: 5.–7. Klasse
Dauer: 5–10 Minuten
Sozialform: Partnerarbeit
Material: ggf. Lernwortschatz oder Wörterbuch

Vorbereitung

—

So geht's

Die Schüler arbeiten paarweise zusammen. Jeder schreibt für sich – ggf. mithilfe des Lernwortschatzes oder eines Wörterbuchs – diverse Wörter untereinander auf ein Blatt. Allerdings notieren die Spieler dabei jeweils nur die Konsonanten in der Reihenfolge, wie sie im Wort vorkommen. Dann tauschen die beiden ihre Listen und versuchen, die Begriffe, die der Partner gefunden hat, zu entschlüsseln. Sie schreiben die vollständigen Wörter richtig auf.

Variante

Jeder Spieler erstellt einige Karten mit Wörtern. Auf die Vorderseite schreibt er das jeweilige Wort ohne Vokale, auf die Rückseite kommt als Lösung der vollständige Begriff. Anschließend werden alle Karten auf einem Stapel gesammelt. Nacheinander zieht jeder Schüler eine Karte und ergänzt das Konsonantengerüst.

Tipps

- Entweder Sie geben vor, wie viele Wörter notiert werden sollen, oder Sie setzen der Klasse ein Zeitlimit von drei bis fünf Minuten für den Arbeitsschritt, die Karten zu beschriften.
- Es kann ggf. mehrere Lösungen zur Ergänzung eines Wortes geben (z. B. Wort – Wirt). Die Schüler können in diesem Fall alle Möglichkeiten notieren und erfragen, welche der Partner gemeint hat.

Wortkette

Thema: Rechtschreibung, insbesondere Auslautverhärtung
Ziel: Gelerntes einüben und wiederholen, Wortendungen richtig schreiben, Wortsammlung erstellen
Alter: 5.–7. Klasse
Dauer: 5 Minuten
Sozialform: Klassenverband
Material: ein kleiner Ball

Vorbereitung

—

So geht's

Schreiben Sie ein beliebiges Wort an die Tafel, das zum Ausgangspunkt einer Wortkette werden soll. Zum Spielstart werfen Sie einem Schüler den Ball zu. Er soll so schnell wie möglich ein Wort nennen, das mit dem letzten Buchstaben des Ausgangswortes beginnt. Dann wirft er den Ball zu einem Mitspieler. Die Kette wird fortgesetzt, bis eine vorher anvisierte Zahl an Begriffen erreicht wird oder die für diese Aktivität eingeplante Zeit abgelaufen ist. Zur Sicherung und zur Visualisierung der Schreibung am Wortende können Sie bzw. kann ein Schüler alle genannten Wörter an der Tafel festhalten.

Variante

Die Schüler spielen paarweise und notieren abwechselnd Wörter nach dem oben beschriebenen Prinzip auf einem Blatt. Sieger ist das Team, das nach einer bestimmten Zeit die längste Kette mit den meisten richtig geschriebenen Wörtern gebildet hat.

Koffer packen

Thema: Rechtschreibphänomene, z. B. Wörter mit Dehnungs-*h*, Wörter mit *ä*
Ziel: Gelerntes einüben und wiederholen, Rechtschreibkompetenz verbessern
Alter: 5.–7. Klasse
Dauer: 5–10 Minuten
Sozialform: Gruppenarbeit
Material: —

Vorbereitung

—

So geht's

Die Klasse wird in große Gruppen (jeweils acht bis zehn Mitglieder) aufgeteilt. Pro Team bestimmen Sie einen Schüler zum Spielleiter, der den korrekten Ablauf überwacht. Er kann zu diesem Zweck mitschreiben, was gesagt wird. Die einzelnen Teams spielen das bekannte Spiel „Kofferpacken", aber mit bestimmten Vorgaben: Es dürfen z. B. nur Wörter genannt werden, die ein Dehnungs-*h* oder ein *ä* enthalten. Der erste Spieler fängt an und sagt etwa: „Ich packe meinen Koffer und nehme eine Uhr mit." Der nächste Spieler muss diesen Satz wiederholen und um einen eigenen Vorschlag ergänzen, z. B. so: „Ich packe meinen Koffer und nehme eine Uhr und Sahnebonbons mit." Der Spielleiter achtet darauf, dass die Reihenfolge eingehalten wird und nur Wörter vorkommen, die zu dem vereinbarten Kriterium passen. So geht es weiter, bis Sie den Schülern ein Signal zur Beendigung des Spiels geben.

Wörter buchstabieren

Thema: Rechtschreibung schwieriger Wörter, z. B. Fremdwörter oder Wörter aus dem Lernwortschatz
Ziel: Gelerntes einüben und wiederholen, Rechtschreibkompetenz verbessern
Alter: 5. – 7. Klasse
Dauer: 5 Minuten
Sozialform: Klassenverband
Material: pro Schüler eine Wortkarte mit einem Lernwort, CD-Player, Musik-CD

Vorbereitung

Bereiten Sie Wortkarten mit Lernwörtern in der benötigten Anzahl vor.

So geht's

Jeder Schüler erhält eine Wortkarte und geht im Raum umher. Im Hintergrund läuft Musik. Wenn Sie die Musik stoppen, suchen sich alle einen Partner und nennen gegenseitig das Wort, das auf ihrer Karte steht. Nun muss jeweils der Begriff des Partners korrekt buchstabiert werden. Danach werden die Karten getauscht. Wenn die Musik wieder einsetzt, gehen die Schüler weiter und suchen sich beim nächsten Stopp neue Partner.

Variante

Nach diesem Prinzip kann sich die Klasse auch Begriffsdefinitionen erarbeiten: Auf jeder Karte stehen dann ein Fachwort (Vorderseite der Karte) sowie die Erklärung dazu (Rückseite). Die Schüler stellen sich gegenseitig die Frage, was ihr Wort bedeutet, und versuchen, die Lösungen zu finden. Zur Kontrolle können sie auf der Rückseite nachschauen. Anschließend tauschen sie die Karten und bilden in der nächsten Runde neue Paare.

Tipp

Falls die Klasse eine ungerade Schülerzahl aufweist, darf immer abwechselnd ein Jugendlicher die Musik stoppen.

Klatschend buchstabieren

Thema: Rechtschreibung schwieriger Wörter, z. B. Fremdwörter oder Wörter aus dem Lernwortschatz

Ziel: Gelerntes einüben und wiederholen, Rechtschreibkompetenz verbessern, konzentrierte Arbeitsatmosphäre herstellen

Alter: 5.–7. Klasse

Dauer: 5 Minuten

Sozialform: Klassenverband

Material: pro Schüler eine Buchstabenkarte, Klebeband

Vorbereitung

Erstellen Sie Karten (mindestens Karteikartengröße) mit Buchstaben in der benötigten Anzahl. Jeder Buchstabe des Alphabets sollte vertreten sein, je nach Klassengröße auch mehrmals.

So geht's

Die Schüler stehen oder sitzen im Kreis. Jeder bekommt eine Karte mit einem Buchstaben, die er sich auf die Brust klebt. Dabei sollte jeder Buchstabe des Alphabets mindestens einmal vorkommen.
Nennen Sie einen beliebigen Begriff (ggf. aus dem Lernwortschatz). Die Schüler buchstabieren nun das Wort, indem sie klatschen: Lautet das Wort z. B. „Saal", klatscht zunächst der Spieler mit dem Buchstaben *S*, dann muss der mit dem *A* zweimal klatschen, zum Schluss klatscht derjenige mit dem *L*. (Falls mehrere Spieler den gleichen Buchstaben haben, müssen sie gleichzeitig agieren.) Danach nennen Sie das nächste Wort und es geht weiter wie oben beschrieben.

Variante

Notieren Sie das Wort, das geklatscht werden soll, an der Tafel. Ein Schüler, der mit dem Rücken zur Tafel steht, muss genau aufpassen und das Wort „erlesen".

Tipp

Höhere Anforderungen an die Konzentration und Koordinationsfähigkeit der Klasse werden gestellt, wenn jeder für zwei oder drei Buchstaben zuständig ist und dementsprechend häufiger klatschen muss. Nach ein paar Runden lassen Sie die Schüler untereinander die Buchstabenkarten tauschen, damit ihre Aufmerksamkeit erhöht wird.

Wörter entschlüsseln

Thema: Rechtschreibung schwieriger Wörter, z. B. Fremdwörter oder Wörter aus dem Lernwortschatz
Ziel: Gelerntes einüben und wiederholen, Rechtschreibkompetenz verbessern
Alter: 5.–7. Klasse
Dauer: 5–10 Minuten
Sozialform: Klassenverband
Material: —

Vorbereitung

—

So geht's

Buchstabieren Sie ein Wort aus dem Lernwortschatz oder dem zu trainierenden Rechtschreibbereich. Sagen Sie die Buchstaben dabei jedoch nicht in der richtigen Reihenfolge. Die Schüler notieren die Buchstaben und versuchen, so schnell wie möglich das Ausgangswort herauszufinden. Wer das Wort als Erstes erraten hat, schreibt es an die Tafel und darf den nächsten Begriff präsentieren.

Tipp

Wenn Sie gezielt bestimmte Wörter trainieren möchten, können Sie Wortkarten vorbereiten. Die Schüler ziehen der Reihe nach eine Karte und diktieren den Übrigen das jeweilige Wort wie oben beschrieben.
Damit es nicht zu schwierig wird, können Sie – je nach Leistungsstärke der Lerngruppe – eine maximale Buchstabenzahl für einen Begriff vorgeben. Die Entschlüsselung von Wörtern mit mehr als zehn Buchstaben nimmt ggf. sehr viel Zeit in Anspruch.

Buchstabensalat

Thema: Rechtschreibung allgemein
Ziel: Gelerntes einüben und wiederholen, sich die Schreibweise bestimmter Wörter einprägen, Konzentration fördern
Alter: 5.–7. Klasse
Dauer: 5–10 Minuten
Sozialform: Klassenverband
Material: pro Schüler eine Buchstabenkarte

Vorbereitung

Erstellen Sie Karten (mindestens Karteikartengröße) mit Buchstaben in der benötigten Anzahl. Jeder Buchstabe des Alphabets sollte vertreten sein. *E, A, S, R* und *N* sollten mehrmals vorkommen. Verzichten Sie ggf. bei kleinen Klassen auf seltene Buchstaben wie *Q* oder *X* und *Y*.

So geht's

Jeder erhält eine Buchstabenkarte. Bei kleinen Gruppen können die Schüler auch zwei Buchstaben bekommen. Alle sitzen im Stuhlkreis und ein Jugendlicher steht in der Mitte. Für diesen Spieler gibt es im Kreis keinen freien Stuhl. Der Spieler in der Mitte nennt ein Wort. Nun müssen alle Schüler, deren Buchstabe Bestandteil dieses Begriffs ist, aufstehen und sich – wie auch der Spieler aus der Mitte – einen neuen Platz suchen. Wer dabei leer ausgeht, stellt sich in die Kreismitte und sagt das nächste Wort an. So geht es immer mit neuen Begriffen weiter, bis Sie das Spiel beenden.

Variante

Die Schüler buchstabieren das Wort, indem sie in der Reihenfolge der Buchstaben kurz aufstehen und sich dann wieder hinsetzen. Bei dieser Form müssen Sie aber darauf achten, dass nur Begriffe genannt werden, deren Buchstaben Sie an die Schüler verteilt haben.

Tipp

Wenn Sie gezielt bestimmte Rechtschreibphänomene trainieren möchten, können Sie entsprechende Wortkarten erstellen und jeweils dem Schüler, der in der Mitte steht, eine davon geben.

Alphabet mit Lücken (1/2)

Thema: Schreibung von Wörtern mit Dehnungs-*h*, *ä/e* oder *ss/ß*
Ziel: Gelerntes einüben und wiederholen, Rechtschreibkompetenz verbessern
Alter: 5.–7. Klasse
Dauer: 10–15 Minuten
Sozialform: Einzelarbeit
Material: eine Wörterliste für jeden Schüler, Wörterbücher

Vorbereitung

Erstellen Sie nach dem unten stehenden Beispiel eine alphabetische Wörterliste mit Lücken und kopieren Sie diese in der benötigten Anzahl.

So geht's

Jeder Schüler erhält eine alphabetische Wörterliste mit Lücken und muss darin jeweils einen beliebigen Begriff ergänzen, der im Hinblick auf das zu trainierende Rechtschreibphänomen zu den anderen Wörtern passt und sich genau in die alphabetische Reihenfolge einfügt. Hier ein Beispiel zum Thema *-ss*, bei dem Infinitive gesammelt werden sollen:

erfassen

....

gegessen
küssen
lassen
müssen

....

verpassen
verprassen

In die beiden Lücken wird jeweils ein Verb mit *ss* eingetragen, also z. B. *fassen* und *pressen*.
Zum Schluss werden die Listen im Plenum oder in Kleingruppen verglichen. So wird deutlich, dass es viele Lösungsmöglichkeiten gibt.

Alphabet mit Lücken (2/2)

Variante

Statt eine Liste vorzugeben, sammeln Sie Begriffe, die von den Schülern genannt werden, an der Tafel. Danach müssen die Schüler diese Wörter alphabetisch sortiert abschreiben, eine beliebige Anzahl weiterer Begriffe selbst ergänzen und an passender Stelle einordnen.

Tipp

Sie können diese Übung auch zu einem Oberthema durchführen oder z. B. charakterisierende Adjektive oder Synonyme für bestimmte Wörter sammeln. Nach der Wortsammlung können die Schüler die gefundenen Begriffe für eine Textproduktion zu Hilfe nehmen.
Teilen Sie zur Differenzierung unterschiedlich anspruchsvolle Wörterlisten aus. Schwieriger wird es, wenn mehrere Wörter mit dem gleichen Anfangsbuchstaben aufgeführt sind, denn dann müssen die Schüler beim Sortieren nicht nur auf den ersten Buchstaben, sondern auch auf die darauffolgenden achten.

Blitzdiktat

Thema: Rechtschreibung schwieriger Wörter wie Fremdwörter
Ziel: Gelerntes einüben und wiederholen, Rechtschreibkompetenz verbessern, Konzentration fördern
Alter: 5.–7. Klasse
Dauer: 5 Minuten
Sozialform: Klassenverband
Material: OHP, Folie mit Wörtern, 2 Blätter Papier zum Abdecken der Folie

Vorbereitung

Schreiben Sie die zu trainierenden Wörter auf eine Folie.

So geht's

Legen Sie die vorbereitete Folie so auf den OHP, dass nur ein einziges Wort sichtbar ist. Zeigen Sie der Klasse dieses Wort für zwei bis drei Sekunden und decken Sie es dann mit einem Blatt Papier ab. Die Schüler sollen den Begriff nun aus dem Gedächtnis aufschreiben.
Zeigen Sie ihnen das Wort anschließend noch einmal kurz zur Kontrolle. Dann geht es mit dem nächsten Begriff weiter.

Variante

Sie können den Schülern auch eine Liste mit zehn Wörtern präsentieren, die sie eine Minute anschauen dürfen. So trainieren Sie nicht nur die Rechtschreibung, sondern auch die Merkfähigkeit der Schüler.

Tipp

Decken Sie immer alle Wörter bis auf das gerade aktuelle mit Papier ab, damit die Schüler nicht abgelenkt werden.

Lückenfüller

Thema: Rechtschreibung allgemein
Ziel: Gelerntes einüben und wiederholen, Rechtschreibkompetenz verbessern, Textverständnis überprüfen
Alter: 5.–7. Klasse
Dauer: abhängig von der Länge des Textes, ca. 10–15 Minuten
Sozialform: Klassenverband
Material: evtl. für jeden Schüler eine Kopie des Diktattextes zwecks anschließender Selbst- bzw. Partnerkorrektur

Vorbereitung

Wählen Sie einen für die Jahrgangsstufe geeigneten Diktattext aus oder erstellen Sie ggf. selbst einen. Markieren Sie darin Leerstellen, die von den Schülern kontextbezogen gefüllt werden sollen. Wenn die Jugendlichen den Text selbst korrigieren sollen, schreiben Sie den Diktattext mit den definierten Lücken auf und kopieren ihn für die Schüler.

So geht's

Diktieren Sie den ausgewählten Text in angemessenem Tempo. Kündigen Sie die Leerstellen durch ein vorher vereinbartes Signalwort, z. B. *Lücke*, an. Die Schüler lassen in ihrer Mitschrift Platz für das fehlende Wort und schreiben dann den weiteren Text mit.

Wenn das Diktat beendet ist, geben Sie der Klasse Zeit, passende Wörter in die Lücken einzusetzen.

Anschließend wird der Text im Plenum vorgelesen und die für die Lücken gefundenen Wörter werden an der Tafel gesammelt.

Zur Korrektur können Sie die Texte entweder einsammeln oder den Schülern eine Textvorlage zur Selbst- bzw. Partnerkorrektur aushändigen.

Variante

Diese Rechtschreibübung können Sie mit dem freien Schreiben verbinden. Lassen Sie dazu beim Diktieren nicht nur einzelne Wörter weg, sondern auch Sätze oder sogar komplette Textpassagen. Diese werden von den Schülern frei ergänzt. Anschließend können sich alle in Kleingruppen die so entstandenen Texte vorstellen.

Tandemdiktat (1/2)

Thema: Rechtschreibung schwieriger Wörter wie Fremdwörter oder Wörter aus dem Lernwortschatz
Ziel: Gelerntes einüben und wiederholen, Rechtschreibkompetenz verbessern
Alter: 5.–7. Klasse
Dauer: 5–10 Minuten
Sozialform: Partnerarbeit
Material: Tandembögen, eine Schere

Vorbereitung

Erstellen Sie Tandembögen mit schwierigen Wörtern bzw. Begriffen aus dem aktuellen Lernwortschatz nach dem unten erläuterten Muster und kopieren Sie die Blätter in ausreichender Anzahl.

So geht's

Erstellen Sie für die Tandembögen eine zweispaltige Tabelle. Dem Begriff in der ersten Zeile von Schüler A (linke Tabellenspalte) steht in der entsprechenden Zeile bei Schüler B (rechte Spalte) ein leeres Feld gegenüber. In der zweiten Zeile folgt bei Schüler A ein leeres Feld, während sich dort bei Schüler B ein Begriff befindet:

Schüler A	Schüler B
der Chicorée	
	das Portemonnaie
das Rendezvous	
…	…

Kopieren Sie die Bögen in ausreichender Anzahl: Pro Paar ist ein Bogen vorgesehen. Schneiden Sie nun die Zettel in der Mitte durch.
Lassen Sie die Mitspielenden Paare bilden. Schüler A und B erhalten je eine Blatthälfte.
Schüler A beginnt und diktiert B sein erstes Wort, dieser schreibt es in das erste leere Feld auf seinem Zettel. Anschließend diktiert Schüler B seinem Lernpartner das Wort, das auf seinem Zettel in der zweiten Reihe steht.
So erarbeiten die Paare gemeinsam ihre Wortliste.
Zum Schluss können alle die Lösungen selbst kontrollieren, indem sie ihre beiden Blatthälften nebeneinanderlegen.

Tandemdiktat (2/2)

Variante

Sie können auch vollständige Sätze mit Lücken an die Stelle der Diktatwörter schreiben. Auf der anderen Blatthälfte steht dann in der entsprechenden Zeile der komplette Satz. Wer den gesamten Text auf seinem Arbeitsblatt vorfindet, liest ihn vor. Der andere ergänzt die Leerstelle in seinem Lückentext entsprechend und liest dem Partner die nächste Aufgabe vor.

Tipp

Hier lässt sich sehr gut differenzieren: So können Sie an verschiedene Paare entweder Bögen mit unterschiedlich schwierigen Wörtern verteilen oder bei einzelnen Schülern als Hilfestellung einzelne Buchstaben in den Lücken vorgeben.

Verbotener Buchstabe

Thema: Rechtschreibung allgemein, Diktat
Ziel: Gelerntes einüben und wiederholen, Rechtschreibkompetenz verbessern, Konzentrationsfähigkeit fördern
Alter: 5.–7. Klasse
Dauer: je nach Länge des Textes 5–10 Minuten
Sozialform: Klassenverband
Material: Diktattext

Vorbereitung

Suchen Sie einen für die Jahrgangsstufe geeigneten, relativ kurzen Diktattext aus.

So geht's

Diktieren Sie der Klasse einen kurzen Text (oder, um diese Art des Schreibens einzuüben, bloß einzelne Wörter). Alle schreiben mit, müssen dabei aber immer den Buchstaben *E* weglassen. Anschließend wird das Blatt mit dem des Nachbarn getauscht. Dieser prüft, ob möglicherweise ein *E* im Text stehen geblieben ist. Für jedes *E*, das gefunden wird, gibt es einen Strafpunkt. Sieger ist derjenige, der am wenigsten Strafpunkte erhalten hat.

Variante

Diese Methode eignet sich auch als Variante für ein Laufdiktat. Dazu wird an verschiedenen Stellen im Klassenraum eine Kopie des Textes aufgehängt. Die Schüler bewegen sich immer zwischen dem Text und ihrem Platz hin und her und schreiben das Laufdiktat in ihr Heft – natürlich auch ohne den Buchstaben *E*. Anschließend korrigiert ein Mitschüler das Geschriebene mithilfe der Vorlage.

Tipp

Einfacher wird es, wenn ein seltener vorkommender Buchstabe wie *M* oder *T* weggelassen werden soll.

Wertvolle Wörter

Thema: Rechtschreibung allgemein
Ziel: Gelerntes einüben und wiederholen, Wörter sammeln
Alter: 5.–10. Klasse
Dauer: 10–15 Minuten
Sozialform: Kleingruppen (auch Partner- oder Einzelarbeit möglich)
Material: pro Gruppe drei Würfel, ein Satz mit allen Buchstaben des Alphabets, auf denen Zahlen stehen wie bei Scrabble®-Karten

Vorbereitung

Erstellen Sie die Buchstabenkarten mit den Zahlenwerten oder besorgen Sie sich einige Scrabble®-Kartenspiele.

So geht's

Die Schüler werden in Kleingruppen von vier bis sechs Personen eingeteilt. Jedes Team legt seine Karten mit der Buchstabenseite nach oben auf den Tisch und sortiert sie in alphabetischer Reihenfolge. Der erste Spieler würfelt gleichzeitig mit den drei Würfeln und addiert alle erwürfelten Zahlen. Ist das Ergebnis z. B. 8, muss seine Gruppe (oder jeder Spieler für sich) ein Wort bilden, dessen Zahlenwerte auf den Buchstabenkarten zusammen addiert 8 ergeben. Es gelten die Zahlenwerte, die auf der Karte stehen. Wer als Erstes ein korrektes Wort mit dem erwürfelten Zahlenwert bildet, bekommt einen Punkt. Sieger ist derjenige, der die meisten Punkte gesammelt hat.
Wenn ein passendes Wort entstanden ist, wird erneut gewürfelt. Wiederum gilt es, einen Begriff mit dem entsprechenden Wert zu finden.

Grammatik vermitteln

Wortarten-Sammler

Thema: Wortarten
Ziel: Gelerntes einüben und wiederholen, Sicherheit bei der Bestimmung von Wortarten erlangen
Alter: 5.–7. Klasse
Dauer: 5–10 Minuten
Sozialform: Klassenverband
Material: pro Schüler ein Blatt Papier

Vorbereitung

Formulieren Sie auf einem Blatt 10–15 Aufträge zu den Wortarten (s. u.).

So geht's

Nennen Sie zehn Buchstaben des Alphabets. Diese notiert jeder Spieler untereinander auf einem Blatt Papier.
Geben Sie dann Aufträge wie:
- *„Notiere ein Pronomen."*
- *„Finde eine Präposition."*

Noch schwieriger wird es, wenn Sie – was bei Adjektiven, Verben und Nomen zwar anspruchsvoll, aber machbar ist – zusätzlich eine Buchstabenzahl vorgeben:
- *„Notiere ein Verb mit fünf Buchstaben."*
- *„Schreibe ein Nomen mit vier Buchstaben auf."*

Haben die Schüler zu einem Buchstaben ein Lösungswort gefunden, tragen sie es neben dem Buchstaben ein, mit dem der Begriff beginnt.
Ziel ist es, bei Spielende neben jedem Buchstaben ein Wort stehen zu haben. Zu diesem Zweck dürfen die Schüler im Verlauf des Spiels ihre Eintragungen verändern, sie dürfen z. B. die geforderte Präposition, die sie unter D eingetragen hatten, streichen und stattdessen bei B eine Präposition notieren.

Varianten

- Dieses Spiel eignet sich gut zur allgemeinen Wortschatzarbeit. Geben Sie der Klasse Aufträge zu Kategorien wie „Obstsorten", „Kleidungsstücke" oder „Berufe" oder lassen Sie sie Synonyme sammeln, z. B. für „sagen", „gehen" oder „machen".
- Statt Buchstaben vorzugeben, können Sie die Schüler auch selbst Buchstaben aussuchen lassen, zu denen sie Begriffe sammeln wollen.
  Sie lesen dann nur, wie oben beschrieben, die Aufgaben vor.

Odd one out

Thema: Wortarten
Ziel: Gelerntes einüben und wiederholen, Wortarten erkennen
Alter: 5.–7. Klasse
Dauer: 5–10 Minuten
Sozialform: Kleingruppen
Material: 20 Spielkarten und ein Lösungszettel pro Gruppe

Vorbereitung

Bereiten Sie pro Gruppe 20 Spielkarten zu dem Thema Wortarten nach dem unten erläuterten Prinzip vor.

So geht's

Die Klasse wird in Kleingruppen von drei bis vier Personen aufgeteilt. Jedes Team bestimmt einen Spielleiter und erhält 20 Karten. Die Karten sind jeweils so aufgebaut: Von vier darauf notierten Begriffen gehören drei derselben Wortart an und ein Begriff einer anderen, z. B.:

- *A: weil*
- *B: obwohl*
- *C: wenn*
- *D: wegen*

Die Schüler sollen erkennen, welches Wort nicht zu den anderen passt. Im obigen Beispiel handelt es sich um „wegen", was eine Präposition und keine Konjunktion wie die anderen Wörter ist.
Zu Spielbeginn liegen in den Gruppen alle Karten verdeckt auf einem Stapel. Ein Spieler nimmt die oberste Karte und liest vor, was darauf steht. Die anderen müssen sich einigen, welcher Begriff nicht zu den anderen gehört, und eine Erklärung dafür geben. Der Spielleiter kontrolliert das Ergebnis. Danach wird die nächste Karte vom Stapel genommen.
Sobald das erste Team alle Karten bearbeitet hat, endet für alle das Spiel. Wollen Sie das Quiz länger spielen, händigen Sie den Gruppen unterschiedliche Kartensets aus. Sobald ein Kartensatz durchgespielt wurde, können die Teams miteinander tauschen.

Variante

Der Teamleiter liest die jeweilige Aufgabe vor. Jedes Gruppenmitglied notiert für sich, welcher Begriff aus der Reihe fällt. Danach nennt der Spielleiter zur Kontrolle die richtige Lösung und schreibt jedem, der mit seiner Einschätzung richtig lag, einen Punkt gut.

Fünf Adjektive mit A

Thema: Wortarten
Ziel: Gelerntes einüben und wiederholen, Wissen abfragen/prüfen, Sicherheit bei der Bestimmung von Wortarten erlangen, Wortschatz erweitern
Alter: 5.–7. Klasse
Dauer: 5–10 Minuten
Sozialform: Klassenverband
Material: kleiner, weicher Ball

Vorbereitung

—

So geht's

Alle Spieler stehen oder sitzen im Kreis. Ein Freiwilliger befindet sich in der Mitte. Er wirft den Ball einem beliebigen Mitschüler zu und stellt diesem die erste Aufgabe, z. B. „Fünf Adjektive mit A" oder „Fünf Präpositionen mit Akkusativ".

Der Schüler, der den Ball gefangen hat, gibt ihn so schnell wie möglich an seinen rechten Nachbarn weiter, der ihn wiederum weiterreicht. Der Ballfänger hat so lange Zeit, die Aufgabe zu lösen, bis der Ball einmal durch den Kreis gewandert ist. Wenn er es nicht geschafft hat, muss er den Spieler in der Kreismitte ablösen. Ansonsten verbleibt dieser noch einen weiteren Durchgang dort.

Bevor die nächste Runde gespielt wird, versuchen alle gemeinsam, die Aufgabe zu lösen. Zur Festigung können Sie die Ergebnisse an der Tafel festhalten.

Tipp

Sie können den Schwierigkeitsgrad bei diesem Spiel steigern, indem weitere Bedingungen gestellt werden, etwa bestimmte Anfangsbuchstaben oder minimale/maximale Buchstabenzahl. Auch die Anzahl der zu nennenden Begriffe kann ggf. erhöht werden. Aber Achtung: Es sollten nur Aufgaben gestellt werden, die gelöst werden können.

Stadt – Land – Fluss mit Wortarten

Thema: Wortarten
Ziel: Gelerntes einüben und wiederholen, Wortarten unterscheiden
Alter: 5.–7. Klasse
Dauer: 10–15 Minuten
Sozialform: Einzelarbeit
Material: pro Schüler ein Spielplan, für alle einen Satz Buchstabenkarten

Vorbereitung

Erstellen Sie einen Spielplan nach dem unten stehenden Muster und kopieren Sie diesen in der benötigten Anzahl. Bereiten Sie einen Satz mit Buchstabenkarten vor. Nicht zu jedem Buchstaben lässt sich die Tabelle vollständig ausfüllen. Wählen Sie deshalb für die Buchstabenkarten nur solche aus, mit denen das möglich ist, z. B. *I, D* oder *S*. Überlegen Sie sich am besten, bevor Sie mit der Klasse spielen, wie sich die Tabelle bei jedem einzelnen Buchstaben ergänzen lässt.

So geht's

Verteilen Sie die wie folgt aufgebauten Spielpläne:

Nomen	Verb	Adjektiv	Pronomen	Konjunktion	Präposition	Punkte

Lassen Sie einen Schüler eine Buchstabenkarte ziehen. Alle versuchen nun so schnell wie möglich, in jeder Spalte der Tabelle ein Wort zu notieren, das mit dem gezogenen Buchstaben beginnt.

Wer seine Tabelle als Erster vollständig ausgefüllt hat, sagt „Stopp". Dann liest er Spalte für Spalte seine Ergebnisse vor. Anschließend werden Punkte vergeben: Für jede Kategorie, in der nur ein Schüler etwas eingetragen hat, gibt es 20 Punkte. Für jeden Begriff zu einem Themenbereich, den niemand anderes gefunden hat, 10 Punkte. Für jedes Wort, das auch andere aufgeschrieben haben, bekommt man 5 Punkte.

Variante

Die Klasse versucht gemeinsam die Tabelle für einen vorgegebenen Buchstaben zu komplettieren. Wer ein passendes Wort nennt, darf es an der Tafel eintragen und bekommt einen Punkt gutgeschrieben.

Zeiten-Würfel

Thema: Zeitformen der Verben
Ziel: Gelerntes einüben und wiederholen, Sicherheit in der Bildung und Unterscheidung der verschiedenen Zeitformen des Verbs bekommen
Alter: 5.–7. Klasse
Dauer: 5–10 Minuten
Sozialform: Klassenverband oder Kleingruppen
Material: ein Würfel, evtl. Bildkarten

Vorbereitung

Notieren Sie an der Tafel, welche Zeitform durch welche Augenzahl des Würfels symbolisiert wird (siehe unten stehendes Beispiel).

1 ⚀ Präsens
2 ⚁ Perfekt
3 ⚂ Imperfekt
4 ⚃ Plusquamperfekt
5 ⚄ Futur 1
6 ⚅ Futur 2

So geht's

Die Schüler sollen – evtl. zu jeweils Bildkarten – Sätze in verschiedenen Zeitformen bilden.
Der erste Spieler zieht ggf. eine Bildkarte, würfelt und bildet – entsprechend der an der Tafel stehenden Festlegung – einen Satz in einer vorgegebenen Zeit. Die anderen müssen gut aufpassen, denn sie erhalten Punkte, wenn es ihnen gelingt, Fehler zu korrigieren. Pro falscher Zeitform oder fehlerhafter Personalform des Verbs gibt es einen Punkt.
Danach ist der Nächste mit Würfeln und dem Formulieren eines Satzes an der Reihe.

Variante

Die Schüler würfeln mit zwei Würfeln und bestimmen auch die Personalform des Verbs. Dabei steht die Eins für *ich*, die Zwei für *du* usw.

Tipp

Wenn Sie auf eine Zeitform wie etwa das Futur 2 verzichten möchten, gilt die Sechs auf dem Würfel als Joker. Wer eine Sechs wirft, kann sich eine die Zeitform frei aussuchen.

Passivsätze bilden

Thema:	Aktiv und Passiv
Ziel:	Gelerntes einüben und wiederholen, Sätze im Aktiv und Passiv bilden und unterscheiden
Alter:	5.–7. Klasse
Dauer:	5–10 Minuten
Sozialform:	Klassenverband
Material:	einfache, große Bildkarten, auf denen jeweils ein Gegenstand wie ein Apfel, ein Fahrrad o. Ä. zu sehen ist; 2 Buchstabenkarten mit P (für Passiv) und A (für Aktiv), evtl. eine Sanduhr

Vorbereitung

—

So geht's

Zeigen Sie das erste Bild und halten Sie entweder die Karte mit dem *P* oder dem *A* hoch. Die Schüler müssen einen Satz zu dem Bild formulieren, der – je nach Vorgabe – im Aktiv oder Passiv steht. Entweder kann sich jeder melden, der eine Idee hat, oder Sie geben den Schülern eine Minute Zeit, einen passenden Satz aufzuschreiben. Dieser wird dann vorgelesen. Danach präsentieren Sie der Klasse die nächste Abbildung.

Varianten

- Sie können auch mehrere Kärtchen mit den Buchstaben *P* und *A* vorbereiten. In diesem Fall werden pro Bild drei oder vier solcher Buchstabenkarten gezeigt und die Schüler müssen dementsprechend viele Sätze bilden.
- Unterhaltsamer wird das Spiel, wenn eine Gruppe Sätze pantomimisch darstellt und die andere Gruppe anhand des Vorgespielten den jeweiligen Satz formuliert.

Tipp

Zeigen Sie die Bilder mit einem Beamer, denn so sind sie für alle gut zu erkennen.

Was ist anders? Differento®

Thema: Bildbeschreibung mit Dativsätzen
Ziel: Gelerntes einüben und wiederholen, Orts- und Lagebezeichnungen formulieren, Dativsätze bilden
Alter: 5.–7. Klasse
Dauer: 5 Minuten (hängt von der Anzahl der Unterschiede ab, die auf den Bildern gefunden werden müssen)
Sozialform: Partnerarbeit
Material: pro Schülerpaar ein Bildpaar mit zwei nahezu identischen Fotos oder Zeichnungen, die allerdings kleine Unterschiede aufweisen

Vorbereitung

Bereiten Sie in genügender Anzahl Bildpaare vor, die aus nahezu identischen Fotos oder Zeichnungen bestehen, jedoch kleine Unterschiede aufweisen. Notieren Sie sich zu jedem Bildpaar die Anzahl und die Art der Unterschiede.

So geht's

Die Schüler arbeiten paarweise zusammen. Die beiden Partner bekommen zwei zusammengehörige Bilder, die sie einander nicht zeigen dürfen.
Diese Bilder unterscheiden sich nur in wenigen Details. Welche das sind, müssen die beiden Spieler herausfinden.
Dazu können sie sich ihr Bild gegenseitig beschreiben oder einander Fragen dazu stellen.
Zur Orientierung können Sie den Schülern vorher verraten, wie viele Unterschiede sie finden müssen.

Tipp

Vorlagen zu vielen Alltagsthemen bietet das Spiel Differento® vom Schubi-Verlag, auf dessen Idee dieser Einstieg basiert. Allerdings richtet sich das Material aufgrund der Themenauswahl und der grafischen Gestaltung teilweise eher an Grundschüler.

Gegensätze finden

Thema: zusammengesetzte Wörter
Ziel: Gelerntes einüben und wiederholen, Kreativität im Umgang mit Wörtern anregen, den Wortschatz erweitern, Wortarten unterscheiden, Prinzipien der Wortbildung untersuchen
Alter: 7. – 10. Klasse
Dauer: 10 – 15 Minuten
Sozialform: Klassenverband
Material: ggf. eine Wörterliste

Vorbereitung

Bereiten Sie ggf. eine Liste mit Wörtern vor, die sich für das Bilden von Gegensätzen eignen (s. u.).

So geht's

Schreiben Sie ein aus mehreren Einzelwörtern zusammengesetztes Wort an die Tafel, zu dem die Schüler einen Gegensatzbegriff entwickeln sollen. Dabei müssen Teile des neu erfundenen Wortes einen Gegensatz zum Ausgangswort bilden. Beispielsweise könnte man bei dem Wort „Großmutter" auf „Kleinmutter" kommen.
Hier noch ein paar weitere Beispiele:

- *Mitleid → Ohneleid*
- *Tagtraum → Nachttraum*
- *Müllberg → Mülltal*
- *Dachstuhl → Kellerstuhl*
- *altklug → neuklug*

Variante

Sie können das Spiel auch als Wettspiel in Kleingruppen durchführen. Dann bekommt jede Tischgruppe eine Liste mit Wörtern, zu denen wie oben beschrieben Gegenbegriffe erfunden werden sollen. Das Team, das es als Erstes geschafft hat, ruft „Stopp". Danach werden die verschiedenen Ideen vorgestellt.

Satzglieder-Check

Thema: Kasussystem
Ziel: Wissen abfragen/prüfen, Satzglieder bestimmen
Alter: 5.–7. Klasse
Dauer: 5–10 Minuten
Sozialform: Klassenverband
Material: eine Folie mit Sätzen, OHP, ein Blatt Papier, für jeden Schüler eine Tabelle zum Ankreuzen

Vorbereitung

Bereiten Sie eine Folie mit einer beliebigen Anzahl von Sätzen vor, in denen jeweils ein Satzglied im Nominativ, Genitiv, Dativ oder Akkusativ farbig markiert ist. Erstellen Sie weiterhin eine Kopiervorlage mit der unten stehenden Tabelle und vervielfältigen Sie diese in der benötigten Anzahl.

So geht's

Zeigen Sie mit dem OHP nacheinander die vorbereiteten Sätze. Decken Sie dazu die übrigen Sätze mit einem Blatt Papier ab. Zu jedem Satz kreuzen die Schüler in ihrer Tabelle an, in welchem Fall das farbig gekennzeichnete Satzglied steht.
So könnte die Tabelle aussehen. Sie enthält für jeden Satz eine Spalte.

	1. Satz	2. Satz	3. Satz	4. Satz	5. Satz
Nominativ					
Genitiv					
Dativ					
Akkusativ					

Haben Sie beispielsweise den Satz „Er fährt mit dem Bus zur Schule" gezeigt, müsste in der ersten Tabellenspalte (1. Satz) Dativ angekreuzt werden.

Tipp

Bereiten Sie eine Korrekturfolie vor, die die entsprechende Tabelle mit den korrekt gesetzten Kreuzchen zeigt.

Satzsextett

Thema: Satzbau
Ziel: Gelerntes einüben und wiederholen, grammatikalisch korrekte Sätze bilden
Alter: 5.–7. Klasse
Dauer: 10 Minuten
Sozialform: Klassenverband (evtl. auch zwei große Gruppen)
Material: ein CD-Player und Musik, pro Spieler eine farbige Karte

Vorbereitung

Erstellen Sie nach dem unten stehenden Muster Kartensätze, bestehend aus mehreren farbigen Karten mit Satzbausteinen. Während des Spiels sollten von jeder Farbe gleich viele Karten im Umlauf sein. Wählen Sie also die Anzahl der unterschiedlichen Farben so, dass die Gruppenbildung aufgeht.

So geht's

Auf den Karten stehen je nach Farbe unterschiedliche Satzbausteine, z. B.:

- *rot: irgendein Subjekt*
- *blau: irgendein Prädikat*
- *gelb: irgendeine Ortsangabe*
- *grün: irgendeine Zeitangabe*
- *rosa: irgendein Akkusativ-Objekt*
- *weiß: irgendein Dativ-Objekt*

Jeder Schüler erhält eine Karte und geht damit im Raum umher, während die Musik läuft. Wenn die Musik aussetzt, versuchen die Spieler, so schnell wie möglich vollständige Gruppen zu bilden: Dazu finden sich Schüler mit Karten von unterschiedlicher Farbe zusammen, alle Farben des Kartensets müssen vertreten sein. Nun bilden sie mit Hilfe ihrer Bausteine einen Satz, den jeder aufschreibt. Darin dürfen noch weitere Wörter, wie z. B. Artikel oder Präpositionen, vorkommen.
Danach setzt die Musik wieder ein und das Spiel geht in die nächste Runde. Nach einigen Durchgängen werden die gebildeten Sätze im Plenum vorgelesen und auf ihre Richtigkeit hin überprüft.

Lückentexte ergänzen

Thema: Satzbau, Kasusendungen, Konjugationsformen
Ziel: Gelerntes einüben und wiederholen, korrekte Sätze formulieren, Sicherheit in der Bildung grammatikalischer Formen erlangen
Alter: 5.–7. Klasse
Dauer: abhängig von der Länge des Textes
Sozialform: Einzel- oder Partnerarbeit
Material: pro Schüler eine Kopie des Lückentextes

Vorbereitung

Erstellen Sie Lückentexte zum oben genannten Phänomen und kopieren Sie diese in der benötigten Anzahl.

So geht's

Jeder erhält einen Lückentext, den er ergänzen soll. Dabei geht es zum einen darum, inhaltlich sinnvolle Wörter für die Leerstellen zu finden, zum anderen sollen korrekte grammatikalische Formen verwendet werden.
Die Schüler tauschen ihre ausgefüllten Arbeitsblätter mit ihrem Sitznachbarn und vergleichen die Lösungen.

Variante

Die Schüler können für ihre Mitschüler selbst solche Lückentexte zu einem vorher im Unterricht erarbeiteten Text bzw. Thema anfertigen.

Tipps

- Je nach Art der Lücken können Sie andere Schwerpunkte setzen: Beispielsweise könnten Sie alle Adjektive im Text weglassen oder gezielt Fachbegriffe bei den Schülern abfragen.
- Zur Differenzierung können Sie Texte mit einer unterschiedlichen Anzahl an Lücken erstellen oder als Hilfe einige Buchstaben in den Leerstellen vorgeben.

Onkel Otto in der Badewanne

Thema: Satzbau
Ziel: Gelerntes einüben und wiederholen, grammatikalisch korrekte Sätze formulieren, Sicherheit in der Bildung von Kasusendungen erlangen
Alter: 5.–7. Klasse
Dauer: 5–10 Minuten
Sozialform: Kleingruppen (idealerweise jeweils sechs Personen, wenn das nicht aufgeht, bekommen Schüler in kleineren Gruppen einige Blätter zweimal)
Material: pro Schüler ein Blatt Papier

Vorbereitung

—

So geht's

Nach dem altbekannten Muster des Kinderspiels „Onkel Otto sitzt in der Badewanne" bilden die Schüler in Kleingruppen gemeinsam verschiedene Sätze. Sie sagen als Spielleiter jeweils an, was alle aufschreiben sollen:

1. ein Subjekt (vorgeben, ob im Singular oder Plural) – Wer macht etwas?
2. ein Prädikat (im Präsens oder Imperfekt) – Was macht die Person?
3. eine Zeitangabe – Wann geschieht das?
4. eine adverbiale Bestimmung der Art und Weise – Wie wird das getan?
5. ein Dativobjekt – Mit wem passiert das?
6. eine Ortsangabe – Wo geschieht die Handlung?

Beispiel:
Onkel Otto – sitzt – am Sonntagmorgen – fröhlich – mit einem Frosch – in der Badewanne.

Sobald Sie den ersten Satzteil (ein Subjekt) genannt und alle ihre Lösung aufgeschrieben haben, knickt jeder sein Blatt Papier so um, dass man das Geschriebene nicht mehr lesen kann. Nun reichen alle ihre Zettel an ihren rechten Nachbarn weiter und notieren auf dem neuen Blatt die zweite Vorgabe. Das Blatt wird wiederum gefaltet usw. Anschließend werden einige Beispiele vorgelesen.

Tipp

Sie können sich auch andere Vorgaben überlegen, z. B. Sätze, in denen ein Genitiv-Objekt vorkommt. Auf diese Weise können Sie mit den Schülern den Gebrauch verschiedener Fälle einüben.

Versteckte Sätze

Thema: Satzbau
Ziel: Gelerntes einüben und wiederholen, korrekte Sätze formulieren, Lesekompetenz trainieren
Alter: 7.–10. Klasse
Dauer: 10 Minuten
Sozialform: Partnerarbeit
Material: pro Schüler eine Kopie des Textes sowie einen Textmarker

Vorbereitung
Wählen Sie einen Text aus und kopieren Sie diesen in ausreichender Anzahl.

So geht's
Jeder Schüler liest den Text und markiert darin einzelne Wörter, die zusammen einen Satz ergeben. Dieser neue Satz muss zwar inhaltlich nichts mit dem Thema des Ausgangstextes zu tun haben, jedoch müssen die grammatikalischen Formen, z. B. Subjekt und Personalendung des Verbs, zueinander passen.
Wichtig ist, dass die markierten Wörter über den ganzen Text verteilt sind und nicht in der richtigen Reihenfolge vorkommen, damit sich der auf diese Weise versteckte Satz nicht auf den ersten Blick erschließt.
Seinen so konstruierten neuen Satz schreibt jeder in der korrekten Reihenfolge auf die Rückseite seiner Textkopie, damit der Spielpartner später eigenständig die Lösung kontrollieren kann. Anschließend tauschen die beiden Sitznachbarn ihre Texte miteinander und versuchen den jeweils versteckten Satz herauszufinden.
In den vorausgehenden Zeilen wurden einige Wörter unterstrichen, um Ihnen anhand dieses Beispiels zu illustrieren, wie diese Methode funktioniert. Hinter den Markierungen verbirgt sich folgender Satz:
Anschließend versuchen die Schüler die Reihenfolge der Texte herauszufinden.

Satzbau-Trio

Thema: Hauptsätze und verschiedene Arten von Nebensätzen
Ziel: Gelerntes einüben und wiederholen,
korrekte Sätze formulieren, Satzarten bestimmen
Alter: 5.–7. Klasse
Dauer: 5–10 Minuten
Sozialform: 3er-Gruppen
Material: ggf. pro Schüler eine Übersicht zu den Satzarten und typischen Konjunktionen

Vorbereitung

Erstellen Sie ggf. eine Übersicht über die Satzarten und typische Konjunktionen und kopieren Sie diese in der benötigten Anzahl.

So geht's

Gearbeitet wird in 3er-Gruppen. Der erste Schüler formuliert einen beliebigen Hauptsatz, an den er eine Konjunktion anhängt, die einen Nebensatz einleitet, z. B.:
Im Wohnzimmer ist es kalt, obwohl …
Der zweite ergänzt den Nebensatz beispielsweise so:
Im Wohnzimmer ist es kalt, obwohl ich die Heizung eingeschaltet habe.
Aufgabe des dritten Schülers ist es, die Satzart zu bestimmen (hier: Konzessivsatz).
Anschließend denkt er sich einen neuen Satzanfang aus und das Spiel geht in der beschriebenen Weise weiter.
Die Schüler können diese Übung mündlich durchführen oder die entstandenen Sätze auf einem Blatt notieren, sodass sie später korrigiert werden können.

Tipp

Wenn sich die Lerngruppe nicht in 3er-Gruppen einteilen lässt, kann man auch paarweise arbeiten. Dann bestimmt derjenige, der den Satzanfang nennt,

Grammatik-Bingo

Thema: diverse Bereiche der Grammatik
Ziel: Gelerntes einüben und wiederholen, verschiedene grammatikalische Phänomene trainieren (z. B. Deklination, unregelmäßige Verben, Verwendung von Präpositionen), Sätze vervollständigen
Alter: 5.–7. Klasse
Dauer: 5–10 Minuten
Sozialform: Klassenverband
Material: einen Behälter mit Bingo-Koordinaten-Kärtchen, pro Schüler eine Bingo-Karte

Vorbereitung

Erstellen Sie auf einem DIN-A4-Blatt ein Bingo-Kartenset mit Grammatikübungen. Das Set enthält mehrere unterschiedliche Karten nach dem unten stehenden Muster. Kopieren Sie das Set mehrmals, sodass für jeden Schüler eine Karte vorhanden ist. Fertigen Sie Zettelchen an, auf denen Sie jeweils eine Bingo-Koordinate (A1, A2, A3, A4, B1, B2 … D3, D4) notieren. Sämtliche Kombinationsmöglichkeiten müssen abgedeckt sein.

So geht's

Jeder Spieler erhält eine Bingo-Karte nach dem folgenden Muster:

	A	B	C	D
1	Er trifft sich ___ sein__ neu___ Freundin.	Meytin arbeitet _____ sein___ älter___ Bruder.	Sie freut sich ___ den gold__ Ring.	Wir warten ___ den verspätet___ Zug.
2	…	…	…	…
3	…	…	…	…
4	…	…	…	…

Sie ziehen ein Bingo-Koordinaten-Kärtchen und nennen die Koordinate laut. Wenn ein Spieler glaubt, den Satz korrekt ergänzen zu können, der an dieser Stelle auf seiner Bingo-Karte steht, meldet er sich. Der Schnellste darf seine Lösung sagen. Wenn sie stimmt, darf der Schüler das entsprechende Feld auf seiner Karte durchstreichen, wenn nicht, kann der nächste einen weiteren Lösungsversuch unternehmen. Danach geben Sie die zweite Koordinate an. Gespielt wird, bis einer der Schüler auf seiner Karte vier Felder in einer Reihe (waagerecht/senkrecht/diagonal) markiert hat.

Koordinaten-Quiz

Thema: Grammatik allgemein, z. B. Bestimmung von Wortarten oder Satzgliedern
Ziel: Gelerntes einüben und wiederholen, vorhandenes Wissen prüfen, Lernstoff abfragen und wiederholen
Alter: 5.–7. Klasse
Dauer: 10–15 Minuten
Sozialform: Klassenverband
Material: ein Fragenkatalog, ein Würfel pro Gruppe, Kreide in zwei Farben

Vorbereitung

Erstellen Sie einen Fragenkatalog mit 36 Fragen, die den Feldern 1,1 – 1,2 – 1,3 usw. in der unten stehenden Tabelle zugeordnet werden.

So geht's

Schreiben Sie folgende Tabelle an die Tafel:

1,1	2,1	3,1	4,1	5,1	6,1
1,2	2,2	3,2	4,2	5,2	6,2
1,3	2,3	3,3	4,3	5,3	6,3
1,4	2,4	3,4	4,4	5,4	6,4
1,5	2,5	3,5	4,5	5,5	6,5
1,6	2,6	3,6	4,6	5,6	6,6

Teilen Sie Ihre Lerngruppe in zwei Großgruppen auf. Jede Mannschaft erhält einen Würfel und es wird ihr eine Kreidefarbe zugeordnet. Die beiden Teams spielen gegeneinander und müssen versuchen, als Erstes vier nebeneinanderliegende Felder in ihrer Farbe zu markieren – egal, ob waagerecht, senkrecht oder diagonal.

Der erste Spieler würfelt zweimal und erhält so die Koordinaten des Feldes, das besetzt werden darf, wenn die dazugehörige Frage richtig beantwortet wird. Hat er z. B. eine Fünf und eine Sechs gewürfelt, lesen Sie die Frage 5,6 aus Ihrer Liste vor.

Wenn das Team die richtige Antwort gibt, wird das entsprechende Tabellenfeld in der passenden Mannschaftsfarbe markiert. Danach ist das andere Team an der Reihe. Falls eine bereits besetzte Koordinate erwürfelt wird, macht die andere Gruppe weiter.

Comicsprache

Thema: indirekte Rede
Ziel: Vergleich der direkten und indirekten Rede, Formen der indirekten Rede kennen lernen und einüben
Alter: 7.–10. Klasse
Dauer: 5 Minuten
Sozialform: Klassenverband
Material: eine Folie mit einem Comicbild, OHP

Vorbereitung

Wählen Sie ein Bild aus einem Comic aus, das zwei Figuren mit je einer Sprechblase zeigt, und kopieren Sie es auf eine Folie.

So geht's

Zeigen Sie der Klasse mithilfe des OHP das Bild. Stellen Sie folgende Frage: Was hat A (Name der Figur) zu B (Name der anderen Figur) gesagt? Erarbeiten Sie anhand dieses Beispiels, worauf es bei der indirekten Rede ankommt und wie die korrekten Formen gebildet werden.
Lassen Sie die Schüler einen fiktiven Dialog zwischen den beiden Figuren erfinden, den sie anschließend in die indirekte Rede umformen müssen.

Tipp

Daran kann sich eine weitere Beschäftigung mit Comics anschließen:
Die Schüler bekommen jeweils einen kurzen Comic, den sie nacherzählen sollen. Dazu müssen sie sämtliche Sprechblasentexte in die indirekte Rede umwandeln.

Sprechen und Zuhören

Mein Bild von ...

Thema: Beginn einer neuen Unterrichtsreihe
Ziel: ein neues Thema einführen, Vorwissen aktivieren, Ideen sammeln, verschiedene Aspekte und Dimensionen eines Themas bewusst machen, Meinungen äußern und begründen
Alter: 5.–10. Klasse
Dauer: 15–20 Minuten
Sozialform: Klassenverband
Material: ca. 100 Fotos (möglichst im DIN-A4-Format), ebenso viele Klarsichthüllen, ggf. Klebeband

Vorbereitung

Stellen Sie aus Zeitschriften oder mithilfe des Internets ein für Ihr Thema geeignetes Bildmaterial bestehend aus ca. 100 Fotos zusammen und stecken Sie jede Abbildung einzeln in eine Klarsichthülle.

So geht's

Die Schüler sitzen im Stuhlkreis. Die Bilder werden für alle gut sichtbar in die Mitte gelegt oder an den Wänden aufgehängt. Nennen Sie das Thema bzw. eine Frage, die bearbeitet werden soll, z. B. „Welche Bedeutung hat Wasser für euch?" oder „Was verbindet ihr mit dem Wort *Liebe*?". Jeder sucht sich eine Abbildung aus, die seiner Meinung nach besonders gut zu dem Thema bzw. der Frage passt. Anschließend begründet jeder seine Wahl, indem er erklärt, worin für ihn der Bezug zum Thema bzw. der Frage besteht.

Variante

Um den Redeanteil der einzelnen Schüler zu erhöhen, kann die Präsentation der ausgewählten Bilder und der Austausch darüber auch in Kleingruppen erfolgen.

Tipp

Bewahren Sie die Fotos anschließend in einer Mappe gut auf. Vielleicht nehmen Sie sich sogar die Zeit zum Laminieren, denn für eine umfangreiche Bildersammlung gibt es vielfältige Einsatzmöglichkeiten in unzähligen Unterrichtssituationen. Viele Anregungen dazu finden Sie in dem Buch „Bilder im Unterricht. 100 Schreib- und Spielanlässe" (siehe Medientipps).

Bilder-Puzzle

Thema: Bildbeschreibung
Ziel: ein neues Thema einführen, das präzise Beschreiben üben, Beschreibungen verstehen
Alter: 5.–7. Klasse
Dauer: 5–10 Minuten
Sozialform: Klassenverband
Material: pro Schüler einen Briefumschlag mit einem Puzzleteil oder einen farbig markierten Umschlag mit einem kompletten Bild

Vorbereitung

Wählen Sie mehrere zu Ihrem aktuellen Unterrichtsthema passende ähnliche Bilder (Postkarten, Fotos) aus. Fertigen Sie von diesen je eine (Farb-)Kopie an, stecken Sie sie jeweils in einen Briefumschlag und markieren Sie diesen farbig. Zerschneiden Sie alle Originale in vier bis fünf Puzzleteile und legen Sie jedes Teil einzeln in einen Briefumschlag. Wählen Sie die Anzahl der Puzzleteile so, dass jeder Schüler der Klasse einen Briefumschlag – einen markierten oder einen mit Puzzleteil – erhält.

So geht's

Verteilen Sie die Umschläge. Achten Sie darauf, dass nur komplette Sets im Umlauf sind.
Wer einen Umschlag mit einem Puzzleteil bekommt, darf sich dieses zwar anschauen, es den anderen aber nicht zeigen. Diejenigen, die einen markierten Umschlag erhalten haben, kommen nach vorne und beschreiben ihr Bild. Wenn jemand glaubt, dass sein Puzzleteil zu der entsprechenden Abbildung gehört, steht er auf und stellt sich hinter den Mitschüler. Falls er sich umentscheiden möchte, wenn ein weiteres Bild beschrieben wird, kann er den Platz wechseln.
Wenn alle Bilder beschrieben wurden, legen die unterdessen entstandenen Gruppen ihre Puzzleteile zusammen und schauen, ob ihr Bild richtig zusammengesetzt ist. Dazu vergleichen sie es mit der Vorlage.

Tipps

- Je ähnlicher die ausgewählten Bilder sind, desto höher ist der Anspruch an die Genauigkeit der Beschreibung.
- Diese Methode eignet sich auch, um Kleingruppen für einen weiterführenden Arbeitsauftrag zu bilden.

Versteinerte Skulpturen

Thema: Personenbeschreibung
Ziel: Gelerntes einüben und wiederholen, Personen in Aussehen und Körperhaltung treffend beschreiben
Alter: 5.–7. Klasse
Dauer: 5–10 Minuten
Sozialform: Klassenverband
Material: CD-Player mit beliebiger Musik

Vorbereitung

—

So geht's

Alle bewegen sich zur Musik im Raum. Sie können Aufgaben geben wie „über einen Laufsteg spazieren" oder „über einen Jahrmarkt schlendern". Wenn die Musik stoppt, rufen Sie „Versteinern" und niemand darf sich mehr bewegen.
Fordern Sie nun einen Schüler auf, sich unbemerkt eine Person aus der Gruppe auszuwählen und diese den anderen hinsichtlich Aussehen, Haltung und Gesichtsausdruck zu beschreiben. Wenn die anderen erraten haben, um wen es sich handelt, setzt die Musik wieder ein und es wird ein zweiter Durchgang gespielt.

Tipps

- Fotografieren Sie einige der so entstandenen Skulpturen und nutzen Sie die Bilder für künftige Beschreibungsaufträge.
- Sie können beispielsweise eines dieser Fotos von einem anderen Schüler nachstellen lassen. Zeigen Sie dazu der Klasse mit dem Beamer das ausgewählte Bild, während der „Schauspieler" mit dem Rücken zur Projektion steht. Die Mitschüler müssen ihn durch ihre Beschreibungen so positionieren, dass er seinem Vorbild auf dem Foto sowohl in der Haltung als auch im Gesichtsausdruck möglichst ähnlich ist.

Fantasiegemälde

Thema: Bildbeschreibung
Ziel: Gelerntes einüben und wiederholen, verbale Beschreibungen in Zeichnungen umsetzen
Alter: 5.–7. Klasse
Dauer: 10–15 Minuten
Sozialform: Kleingruppen
Material: —

Vorbereitung

—

So geht's

Die Schüler sitzen in Kleingruppen von sechs bis acht Personen an einem Tisch. Ein Spielleiter wird bestimmt, der mitschreibt, was die anderen sagen. Der Erste denkt sich etwas aus, was sich auf einem Bild befinden könnte – es gibt allerdings keine reale Vorlage, sondern die Übung spielt sich nur in der Fantasie der Spieler ab. Er sagt beispielsweise: „Auf meinem Bild steht am rechten Rand ein Haus." Alle Schüler malen nun ein Bild nach dieser Beschreibung. Der nächste Spieler wiederholt den ersten Satz und ergänzt einen weiteren, etwa: „Links neben dem Haus befindet sich ein Apfelbaum." Das wird nun von jedem in seinem Bild dargestellt. Der nächste Spieler macht weiter. Das geht mindestens so lange, bis alle ein Detail des Bildes genannt haben.
So entwickelt jeder für sich anhand der Hinweise ein Bild. Die Ergebnisse werden anschließend in den Gruppen miteinander verglichen.

Themensack

Thema: Beginn einer neuen Unterrichtsreihe
Ziel: ein neues Thema einführen, Vorwissen aktivieren, das Beschreiben wiederholen
Alter: 5.–10. Klasse
Dauer: 10–15 Minuten
Sozialform: Klassenverband
Material: Sack oder Beutel aus blickdichtem Material, 10–20 Gegenstände

Vorbereitung

Stellen Sie 10–20 Gegenstände zusammen, die zu Ihrem Unterrichtsthema passen, und legen Sie diese in einen Beutel (oder in ein Säckchen).

So geht's

Jeweils ein Schüler kommt nach vorne. Er steht mit dem Rücken zur Klasse und zieht einen Gegenstand aus dem Beutel, ohne dass die anderen ihn erkennen.
Nun beschreibt er Form, Farbe, Material, Größe, Funktion etc. des Gegenstandes. Die anderen erraten, um was es sich dabei handeln könnte, und überlegen, was der Gegenstand mit dem Thema der neuen Unterrichtsreihe zu tun haben könnte.

Variante

Statt passende Gegenstände zum Unterrichtsthema zu wählen, können Sie auch beliebige Dinge in einen Beutel stecken, selbst wenn diese auf den ersten Blick keinen thematischen Bezug zur Unterrichtsreihe haben. Der gezogene Gegenstand wird jeweils der ganzen Klasse gezeigt und die Schüler assoziieren, welchen Bezug er zum Thema haben könnte. Aufgrund des höheren Abstraktionsgrades eignet sich diese Methode besser für etwas ältere Schüler.

Tipp

Einfacher wird das Erraten der Dinge, wenn Sie der Klasse zunächst das übergreifende Thema der neuen Unterrichtsreihe verraten und danach die Gegenstände aus dem Sack nehmen lassen.

Was ist denn das?

Thema: Gegenstandsbeschreibung, Vermutungen formulieren
Ziel: Gelerntes einüben und wiederholen, Gegenstände beschreiben, Beschreibungen verstehen
Alter: 5. – 10. Klasse
Dauer: 10 – 15 Minuten
Sozialform: Klassenverband
Material: blickdichter Stoffbeutel oder Säckchen, von den Schülern mitgebrachte Gegenstände, Klebezettel (Post-its®)

Vorbereitung

Lassen Sie von den Schülern je 1 – 2 kleine, unzerbrechliche Gegenstände mitbringen, z. B. Kosmetikartikel, Kleidung, Schreibmaterialien oder ein Stofftier.

So geht's

Alle legen ihre mitgebrachten Gegenstände so in den Beutel, dass die anderen nicht sehen können, um was es sich handelt. Wenn alles verstaut ist, wird ein Stuhlkreis gebildet. Der Erste, der einen Gegenstand in dem Säckchen ertasten darf, beschreibt zunächst, wie sich das Ding anfühlt, welche Form und Beschaffenheit es hat etc. Dann äußert er eine Vermutung, worum es sich handeln könnte. Wenn einer der Zuhörer den von ihm im Beutel verstauten Gegenstand zu erkennen glaubt, meldet er sich und löst das Rätsel auf. Wenn niemand eine Idee hat, wird das beschriebene Objekt aus dem Sack herausgeholt. Drei Schüler spekulieren nun, wem der Gegenstand gehören könnte, und begründen ihre Einschätzung. Anschließend wird das Geheimnis gelüftet und das Objekt seinem Eigentümer zurückgegeben.

Variante

Die Schüler spielen in Kleingruppen zusammen. Jeder zieht etwas aus dem Sack – allerdings nichts, was er selbst mitgebracht hat. Dann setzt sich die Gruppe im Stuhlkreis zusammen und nach und nach werden die verschiedenen Objekte betrachtet. Jeder äußert seine Vermutung zum Besitzer des von ihm gezogenen Gegenstandes. Dann einigt sich die Gruppe auf den Namen eines Mitschülers, den sie für den Eigentümer halten. Diesen Namen schreiben sie auf einen Klebezettel (Post-it®) und befestigen ihn am Gegenstand. Wenn alle Gruppen ihre Objekte zugeordnet haben, kommt die Auflösung, wem was gehört.

Zerschnittene Bildergeschichten

Thema: Bildergeschichten
Ziel: Zusammenhänge zwischen Bildern herstellen, aus Teilinformationen eine Geschichte rekonstruieren, Bilder beschreiben
Alter: 5.–7. Klasse
Dauer: 10–15 Minuten
Sozialform: Kleingruppen
Material: für jede Gruppe eine in einzelne Bilder zerschnittene Bildergeschichte, wobei pro Gruppenmitglied ein Einzelbild vorhanden sein muss; OHP; Folie mit der kompletten Bildergeschichte

Vorbereitung

Wählen Sie eine Bildergeschichte aus und kopieren Sie diese einmal für jede Gruppe. Beachten Sie, dass für jedes Gruppenmitglied ein Einzelbild vorhanden sein muss. Bedrucken Sie eine Folie mit der Bildergeschichte.

So geht's

Teilen Sie die Klasse in Gruppen auf, wobei sich die Anzahl der Gruppenmitglieder nach der Menge der einzelnen Bilder der Geschichte richtet. Zerschneiden Sie für jede Gruppe eine Kopie der Bildergeschichte und händigen Sie jedem Gruppenmitglied ein Einzelbild aus, das er den anderen nicht zeigen darf. Die Schüler beschreiben sich nun in ihrer Gruppe gegenseitig ihre Bilder und versuchen diese dann in die richtige Reihenfolge zu bringen. Anschließend präsentieren Sie im Plenum die Auflösung, indem Sie die richtige Abfolge der Bilder auf dem OHP zeigen.

Variante

Sie können den Teams auch lediglich das erste und letzte Bild der Geschichte aushändigen. Die Schüler sollen sich überlegen, was inzwischen passiert ist. Die verschiedenen Ideen werden hinterher im Plenum vorgestellt.

Tipps

- Sehr gut eignen sich für diese Übung die Geschichten von „Vater und Sohn", von e. o. plauen: http://vaterundsohn.de
- Zur Differenzierung können Sie den Gruppen Bildergeschichten unterschiedlicher Länge austeilen, denn mit steigender Anzahl an Einzelbildern erhöht sich der Schwierigkeitsgrad.

Anschauungsobjekt

Thema: Veranschaulichung eines Grammatikthemas, z. B. Satzbau
Ziel: ein neues Thema einführen, Vorwissen aktivieren, Interesse an grammatikalischen Fragen wecken, assoziieren, auf Äußerungen anderer reagieren
Alter: 5.–7. Klasse
Dauer: 5 Minuten
Sozialform: Klassenverband
Material: einen Gegenstand passend zum Thema

Vorbereitung

Bringen Sie einen Gegenstand, der zum Thema passt, mit in den Unterricht.

So geht's

Präsentieren Sie den ausgewählten Gegenstand und erklären Sie der Klasse, dass es in der folgenden Unterrichtsstunde um einen Bereich gehen wird, der etwas mit dem Mitbringsel zu tun hat. Fordern Sie die Schüler auf, Vermutungen zu formulieren.
Wenn Sie z. B. eine Kette mit verschiedenfarbigen Perlen mitgebracht haben, um die Aneinanderreihung von Satzgliedern zu veranschaulichen, könnten die Schüler Folgendes äußern:

- Es geht um etwas, was eine bestimmte Reihenfolge hat.
- Es geht um etwas, was aus vielen Einzelteilen besteht.
- Es geht um etwas, was eine Einheit bildet.

Führen Sie die Spekulationen gegebenenfalls durch Hinweise zum tatsächlichen Thema. Lassen Sie die Schüler weitere Zusammenhänge herstellen, nachdem sie das Thema erfahren haben.

Variante

Nennen Sie der Klasse das Thema der nächsten Stunde und lassen Sie jeden dazu einen passenden Gegenstand mitbringen. Überlegen Sie dann gemeinsam in der Klasse, welche Zusammenhänge es gibt.

Tipp

Diese Methode eignet sich für jegliche thematische Einführung. So könnten Sie z. B. zum Thema „Wasser" ein Tütchen Saatgut mitbringen oder das Thema „Freundschaft" mit einem Ring illustrieren.

Alle aufstehen, die …

Thema: Beginn einer neuen Unterrichtsreihe oder der Lektüre einer Ganzschrift
Ziel: ein neues Thema einführen, die Klasse für ein Thema sensibilisieren, einen Bezug zwischen dem Thema und der Lebenswelt der Schüler herstellen
Alter: 5.–10. Klasse
Dauer: 5–10 Minuten
Sozialform: Klassenverband
Material: —

Vorbereitung

—

So geht's

Nennen Sie den Schülern nacheinander Sätze, die mit dem neuen Thema zu tun haben. Alle, die dem Genannten zustimmen, stehen kurz auf und setzen sich schnell wieder auf ihren Platz.
Ein paar Beispiele zum Thema Großstadtlyrik:

- Ich möchte gern in einer Großstadt wohnen.
- Mich stört der Lärm in der Stadt.
- Ich habe schon einmal Urlaub in einer Großstadt gemacht.
- In einer Großstadt gibt es tolle Einkaufsmöglichkeiten.

Variante

Alle stehen im Kreis. Ein Schüler oder Sie selbst geben jeweils einen Satz vor, z. B. „Ich war schon einmal in Berlin". Alle, auf die das zutrifft, gehen schnell in den Kreis. Anschließend verlassen sie sofort wieder die Kreismitte und der nächste Satz wird angesagt.

Tipp

Sie können sich auf diese Weise nicht nur einen Überblick über Erfahrungen und Einstellungen der Klasse verschaffen, sondern manche Fragen auch als Gesprächsanlass nutzen und sich z. B. erkundigen, was die Jugendlichen schon in Berlin gesehen und gemacht haben.

Stimme zu – lehne ab

Thema: Erörterung
Ziel: ein neues Thema einführen, ein Meinungsbild zu einem Erörterungsthema erstellen, persönliche Positionen aufzeigen
Alter: 5. – 10. Klasse
Dauer: 10 Minuten
Sozialform: Klassenverband
Material: 2 Zettel, Klebeband

Vorbereitung

Beschriften Sie einen Zettel mit „stimme zu" und den anderen mit „lehne ab". Hängen Sie diese Zettel in zwei gegenüberliegenden Ecken im Klassenraum auf. Notieren Sie sich Thesen und Aussagen, die zu dem zu erörternden Thema passen (siehe unten stehende Beispiele).

So geht's

Alle stehen in der Mitte des Klassenraumes. In zwei gegenüberliegenden Ecken hängen die Abstimmungskärtchen. Lesen Sie nach und nach die Thesen und Aussagen zu dem Thema vor, zu dem später eine Erörterung verfasst werden sollen. Die Schüler platzieren sich jeweils neben dem Abstimmungskärtchen, das ihrer Auffassung am ehesten entspricht.

Beispiele für Aussagen zum Thema „Ernährung":

- Ich halte es für ungesund, wenn sich jemand vegan ernährt.
- Für mich ist es unmoralisch, Fleisch oder Fisch zu essen.
- Ich finde, man sollte ausschließlich Biofleisch essen.
- Ich esse alles, was mir schmeckt.

Variante

Lassen Sie die Klasse in Kleingruppen Aussagen zum Thema sammeln. Danach präsentieren die Gruppen den Mitschülern ihre Statements.

Tipp

Um diese Aktivität kommunikativer zu gestalten, können Sie nach jedem Statement einzelne Schüler danach fragen, warum sie sich in die jeweilige Ecke gestellt haben. Daran anschließend können alle in Kleingruppen Pro- bzw. Kontraargumente zu dem Thema ausarbeiten und eine Erörterung schreiben.

Sprechmühle (1/2)

Thema: Erörterung, Argumentation
Ziel: Ideen sammeln, Diskussionsfreudigkeit der Schüler fördern, Meinungsaustausch ermöglichen, unterschiedliche Sichtweisen zu einem Thema kennen lernen
Alter: 5.–7. Klasse
Dauer: 15–20 Minuten
Sozialform: Klassenverband
Material: ein CD-Player und Musik, eine Stoppuhr, ca. 100 Karteikarten, je einen dicken Filzstift pro Schüler

Vorbereitung

—

So geht's

Während die Musik läuft, bewegen sich alle im Klassenraum. Sobald die Musik gestoppt wird, bilden Personen, die nah beieinanderstehen, Paare. Einer ist A, der andere B. Nennen Sie der Klasse nun das Thema, über das sie sich austauschen soll. Alle Schüler A fangen an, ihrem Partner zwei Minuten lang (Stoppuhr) ihre Meinung dazu zu erläutern. Partner B hört jeweils zu, stellt evtl. Verständnisfragen, äußert sich aber nicht inhaltlich zum Thema. Das kurze Wiedereinsetzen der Musik signalisiert, dass die Redezeit von A endet. Dann ist B an der Reihe, seinen Standpunkt darzulegen.
Machen Sie drei bis vier Durchgänge nach diesem Muster.
Daran könnte sich folgende Aktivität anschließen: Die Schüler notieren mit dicken Filzstiften auf Karteikarten die wichtigsten Aspekte, die sich aus den Partnergesprächen ergeben haben.
Mit diesen Karten können Sie weiterarbeiten, indem Sie die Karten in Kleingruppen z. B. zu Oberthemen sortieren, Cluster daraus bilden oder die Ergebnisse grafisch auswerten lassen.
Später können die Schüler die erarbeiteten Aspekte als Ideenspeicher für eine schriftliche Erörterung oder Argumentation nutzen.

Sprechmühle (2/2)

Variante

Das gleiche Prinzip liegt der Kugellager-Methode (auch „Karussell" oder „Karussell-Gespräch" genannt) zugrunde: Dabei sitzen die Schüler in einem inneren und einem äußeren Stuhlkreis und tauschen sich jeweils mit ihrem Gegenüber zu einem vorgegebenen Thema aus. Auf ein Signal der Lehrkraft hin rutschen die Schüler aus dem Innenkreis einen Platz weiter, sodass sich neue Paarkonstellationen ergeben und die Gespräche fortgeführt werden können.

Tipp

Machen Sie eine Vorgabe, um ohne lange Diskussionen festzulegen, welcher Schüler A bzw. B ist, z. B. „A ist der mit den größeren Füßen" oder „A ist der, dessen Name im Alphabet weiter vorne steht".

Ordnung mit Überschriften

Thema: Vorbereitung einer Inhaltsangabe
Ziel: Gelerntes einüben und wiederholen, Textinhalte wiedergeben bzw. zusammenfassen, Textstrukturen nachvollziehen
Alter: 5. – 10. Klasse
Dauer: abhängig von der Menge der Überschriften/ Stichwörter
Sozialform: Klassenverband
Material: Papierstreifen mit Stichwörtern bzw. Überschriften, Klebeband/Magnete, ein Korb o. Ä.

Vorbereitung

Schreiben Sie Stichwörter oder Zwischenüberschriften aus einem Text bzw. Kapitelüberschriften aus der Klassenlektüre auf einzelne Papierstreifen. Falten Sie diese und legen Sie sie in einen Korb o. Ä.

So geht's

Der Erste zieht einen der Zettel. Er liest vor, was darauf steht, und sagt, was ihm dazu einfällt. Danach können die anderen weitere Informationen ergänzen. Zum Schluss heftet der Schüler seinen Streifen an die Tafel.
Nach und nach werden weitere Zettel gezogen und wie oben beschrieben bearbeitet. Beim Aufhängen ist auf eine sinnvolle Reihenfolge zu achten, um auf diese Weise den Aufbau des Ausgangstextes zu rekonstruieren.

Eine Minute reden über ... (1/2)

Thema: Kurzvorträge
Ziel: ein neues Thema einführen, freies Reden trainieren
Alter: 5.–10. Klasse
Dauer: 3–5 Minuten (je nach Anzahl der Redner)
Sozialform: Klassenverband
Material: ein Themenraster, einen Würfel, eine Stoppuhr

Vorbereitung

Erstellen Sie zu Ihrem neuen Unterrichtsthema ein Raster nach dem unten stehenden Muster und hängen Sie es für alle gut sichtbar an die Wand. Erweitern Sie das Raster ggf. um eine Zeile.

So geht's

Das Themenraster „sich kennenlernen" könnte beispielsweise so aussehen:

⚀	⚁	⚂	⚃	⚄	⚅
was ich gern esse	was ich gern mache	was ich gern lese	wo ich gern bin	mein Zuhause	eine Sportart, die ich mag
meine Hobbys	mein Zimmer	meine Familie	was ich nicht mag	mein Lieblings-film	meine Freunde
mein Lieblings-tier	Musik, die mir gefällt	was ich mir wünsche	mein Haustier	mein Lieblings-star	mein Traumland

Eine Minute reden über ... (2/2)

Ein Schüler würfelt und wählt aus der entsprechenden Spalte ein Thema aus. Mit einer Zwei könnte er sich z. B. für „mein Zimmer" entscheiden. In der vorgegebenen Zeit (Stoppuhr) spricht er über sein Thema.
Danach ist der Nächste an der Reihe.
Thematisieren Sie anschließend mit den Rednern, wie sie es empfunden haben, eine gewisse Zeit lang ohne Unterbrechung sprechen zu müssen.

Variante
Zum Üben von Vorgangsbeschreibungen stellen Sie im Raster Sachaufgaben wie „So kocht man Spaghetti" oder „So brennt man eine CD". Dazu sollten Sie etwas mehr Zeit geben.

Tipp
Diese Methode eignet sich gut als Ritual für den Stundenanfang. Lassen Sie regelmäßig zwei oder drei Schüler kurz zu einem Thema sprechen.

Rätselgeschichte

Thema: Umgang mit Informationen
Ziel: Gelerntes einüben und wiederholen, Fragen gezielt stellen, konzentriert zuhören, Informationen miteinander kombinieren, Schlussfolgerungen ziehen
Alter: 5. – 10. Klasse
Dauer: 5 – 10 Minuten
Sozialform: Klassenverband
Material: Rätselgeschichte

Vorbereitung

Wählen Sie eine Rätselgeschichte aus.

So geht's

Erzählen Sie der Klasse eine rätselhafte Geschichte.

Hier ein Beispiel:
Eine Frau kann nachts nicht schlafen. Sie greift zum Telefon, ruft irgendwo an. Sie wartet aber nicht, bis jemand abnimmt, sondern legt sofort auf. Nun kann sie einschlafen.
Fordern Sie die Klasse auf herauszufinden, was passiert ist. Die Schüler dürfen Fragen stellen und ihre Vermutungen äußern, bis es ihnen gelingt, das Rätsel zu lösen.

(Lösung: Die Frau befindet sich im Hotel. Sie kann nicht schlafen, weil der Mann im Nebenzimmer so laut schnarcht. Durch den Anruf weckt sie ihn auf. Nun hat sie die nötige Ruhe, um einzuschlafen.)

Tipp

Solche Rätselgeschichten finden Sie in dem Spiel Black Stories, die im Moses-Verlag erschienen sind: http://moses-verlag.de/de/themenwelten/spieleundwissen/blackstories?view=featured.

Tabu für alle

Thema: Begriffsdefinitionen
Ziel: Gelerntes einüben und wiederholen, Begriffe umschreiben, konzentriert zuhören, Informationen miteinander kombinieren
Alter: 5.–10. Klasse
Dauer: 5 Minuten
Sozialform: Klassenverband
Material: ca. 40 Tabukarten, Klebeband

Vorbereitung

Fertigen Sie am Computer Tabukarten an. Dazu legen Sie eine Tabelle an, die Sie später in einzelne Karten zerschneiden. An oberster Stelle eines Tabellenfeldes bzw. einer Karte steht das Wort, das von den Schülern erklärt werden soll. Darunter werden vier Tabuwörter aufgelistet, d. h. vier Begriffe, die nicht in der Begriffsdefinition erwähnt werden dürfen. Wählen Sie dazu Wörter aus, die man gut in der Erklärung gebrauchen könnte.

So geht's

Jedem Schüler wird eine Tabukarte auf dem Rücken befestigt. Legen Sie die restlichen Kärtchen auf das Pult. Die Mitspieler laufen in der Klasse herum, suchen sich einen Partner und erklären sich gegenseitig das auf dem Rücken des anderen zu lesende Wort.
Wenn ein Paar beide Begriffe erraten hat, kommen die beiden Schüler zu Ihnen und Sie befestigen neue Karten auf den Rücken.

Tipp

Die Anzahl der Tabuwörter können Sie beliebig variieren. Für den Anfang genügt es, wenn ein Wort ohne Tabuwörter erklärt werden muss. Später können Sie das Spiel mit ein oder zwei Tabuwörtern erweitern.

Anders, aber dennoch gleich

Thema: Vergleich von Personen bzw. Gegenständen
Ziel: Gelerntes einüben und wiederholen, Kategorien bilden, gemeinsame Merkmale finden
Alter: 5. – 10. Klasse
Dauer: 5 Minuten
Sozialform: Klassenverband
Material: —

Vorbereitung

—

So geht's

Notieren Sie die Namen von zwei Gegenständen an der Tafel, die auf den ersten Blick keine Gemeinsamkeiten aufweisen, z. B. „Rucksack" und „Flasche". Die Schüler sollen so viele Gemeinsamkeiten zwischen diesen Dingen aufzählen, wie ihnen einfallen, z. B.:

- In beides kann man etwas hineintun.
- Beides kann aus unterschiedlichen Materialien hergestellt werden.
- Die Dinge können viele verschiedene Farben haben.

Schreiben Sie die genannten Punkte an die Tafel.

Variante

Sie können daraus auch ein Wettspiel für Kleingruppen machen. Geben Sie den Schülern eine bestimmte Zeit, in der sie Gemeinsamkeiten der genannten Gegenstände notieren. Anschließend stellen die verschiedenen Teams ihre Ergebnisse vor.

Werbeslogan

Thema: Werbung
Ziel: ein neues Thema einführen, Schüler für das Zusammenspiel von Bild und Text in der Werbung sensibilisieren, über die Wirkung von Werbung sprechen
Alter: 7.–10. Klasse
Dauer: 15–20 Minuten
Sozialform: Partnerarbeit
Material: mindestens 50 Werbeslogans, Zeitungsüberschriften und Fotos, mindestens 10 Klebestifte, evtl. Magneten oder Klebeband

Vorbereitung

Stellen Sie mindestens 50 Werbeslogans, Zeitungsüberschriften und Fotos aus Zeitschriften zusammen.

So geht's

Die Werbeslogans und Zeitungsüberschriften werden alle nebeneinander auf einem Tisch ausgelegt oder mit Magneten bzw. Klebeband an der Tafel befestigt. Die Fotos werden separat ebenfalls ausgelegt oder aufgehängt. Paarweise suchen sich die Schüler ein Foto aus, wählen einen ihrer Meinung nach dazu passenden Werbeslogan bzw. eine passende Zeitungsüberschrift aus und kleben beides auf ein Blatt Papier.
Anschließend stellt jedes Paar seine Zusammenstellung vor.
Im Plenum kann die Klasse dann überlegen, ob Bild und Slogan ihrer Ansicht nach zusammenpassen oder nicht, und dies begründen. Vielleicht wissen die Schüler auch, mit welcher Art von Bildern der Original-Slogan normalerweise publiziert wird. Daran kann sich ein Gespräch darüber anschließen, worauf es beim Texten und Bebildern von Werbung ankommt.

Variante

Beauftragen Sie die Schüler, aus den mitgebrachten Materialien einen Werbeslogan zu einem bestimmten Unterrichtsthema zu entwickeln und passendes Bildmaterial dazu auszuwählen.

Tipp

Bitten Sie die Klasse, zur nächsten Unterrichtsstunde weitere Fotos und Werbeslogans mitzubringen, damit mehr Material zur Verfügung steht.

Adressatengerechte Texte verfassen

ABC-Stafette

Thema: Beginn einer neuen Unterrichtsreihe
Ziel: ein neues Thema einführen, Vorwissen aktivieren, Ideen sammeln, einen themenspezifischen Wortschatz erarbeiten
Alter: 5.–7. Klasse
Dauer: 10–15 Minuten
Sozialform: Klassenverband
Material: 3–4 Flipchartbögen, 3–4 Filzstifte

Vorbereitung

Notieren Sie auf etwa 3–4 Plakaten jeweils senkrecht untereinander in Großdruckbuchstaben das ganze Alphabet und hängen Sie die Plakate nebeneinander und für die Schüler gut erreichbar im Klassenraum auf.

So geht's

Alle stellen sich hintereinander in möglichst gleich langen Reihen in einigem Abstand vor den Plakaten auf. Geben Sie ein Thema vor, zu dem Wörter gesammelt werden sollen, z. B. „Frühling" oder „Märchen".
Der Erste aus jeder Reihe läuft los und schreibt ein zum Thema passendes Wort auf das Plakat seiner Gruppe. Er notiert es neben dem Buchstaben, mit dem der von ihm gefundene Begriff beginnt. Dann läuft er so schnell wie möglich zu seinem Team zurück und gibt den Stift an den nächsten Schüler weiter. Nun rennt dieser zum Plakat und ergänzt ebenfalls bei einem Buchstaben einen Begriff. So geht es weiter, bis zu möglichst allen Buchstaben des Alphabets ein passendes Wort gefunden wurde.
Anschließend werden die Plakate gemeinsam im Plenum ausgewertet.

Variante

Schwieriger wird es, wenn die mit dem Thema assoziierten Wörter nicht in beliebiger Reihenfolge notiert werden dürfen, sondern in der alphabetischen Abfolge aufgeschrieben werden müssen.

Tipps

- Mit dieser Wortsammlung können die Schüler eigene Texte, z. B. Jahreszeiten-Gedichte, schreiben.
- Wenn die Gruppen zu Buchstaben wie X oder Y keine passenden Begriffe finden, können Sie vorgeben, dass dieser Buchstabe an einer beliebigen Stelle im Wort auftauchen kann.

ABC-darium

Thema: Beginn einer neuen Unterrichtsreihe
Ziel: ein neues Thema einführen, Vorwissen aktivieren, Ideen sammeln, einen themenspezifischen Wortschatz erarbeiten
Alter: 5.–10. Klasse
Dauer: 15–20 Minuten
Sozialform: Kleingruppen
Material: pro Gruppe ein Plakat und einen Filzstift, Klebeband, eine Stoppuhr

Vorbereitung

Bereiten Sie die Plakate vor, indem Sie auf jedem senkrecht untereinander in Großdruckbuchstaben das ganze Alphabet notieren.

So geht's

Jede Gruppe erhält ein Plakat und einen dicken Filzstift. Nennen Sie das zu bearbeitende Thema. Jedes Team sucht inhaltlich passende Begriffe und notiert sie auf dem Plakat neben dem jeweiligen Anfangsbuchstaben bis schließlich das gesamte Alphabet mit Wörtern ergänzt wurde.
Sie können ggf. die Gruppenarbeit nach zehn Minuten (Stoppuhr) unterbrechen und jeweils zwei Teams ihre ABC-darien austauschen lassen. Geben Sie den Schülern fünf Minuten Zeit, um das Plakat der anderen Gruppe zu ergänzen.
Danach werden die Wortsammlungen z. B. mit der Ausstellungsmethode präsentiert, bei der die Poster nebeneinander aufgehängt werden.

Variante

Diese Übung lässt sich gut nach dem Schneeball-Prinzip durchführen. Zunächst sammelt jeder alleine Wörter, danach finden sich Paaren zusammen und ergänzen ihre Listen. Anschließend bilden sich 4er-Gruppen, die wieder zusammenarbeiten.

Tipp

Wenn die Gruppen zu Buchstaben wie X oder Y keine passenden Begriffe finden, können Sie vorgeben, dass die Buchstaben nur überhaupt im Wort auftauchen müssen.

Geknickte Assoziationen

Thema: Textproduktion, z. B. Bericht oder Schilderung
Ziel: assoziieren, Vorwissen aktivieren, Ideen für einen Text sammeln, Anregungen zur Textproduktion erhalten
Alter: 5.–10. Klasse
Dauer: 5–10 Minuten
Sozialform: Kleingruppen
Material: ein leeres DIN-A4-Blatt pro Schüler

Vorbereitung

—

So geht's

Geben Sie der Klasse ein Thema vor, indem Sie es an die Tafel schreiben. Teilen Sie die Schüler dann in Kleingruppen ein. Jedes Gruppenmitglied notiert auf einem DIN-A4-Blatt eine Assoziation zu dem genannten Thema und reicht seinen Zettel dann an seinen rechten Nachbarn weiter. Nun schreibt jeder eine Assoziation zu der Vorgabe seines Vorgängers auf und knickt danach das Blatt so um, dass der Nächste nur noch die letzte Assoziation lesen kann. So geht es weiter, bis jeder wieder sein eigenes DIN-A4-Blatt erhält. Zum Schluss falten alle ihre Zettel auseinander und lesen nacheinander vor, welche Ideen darauf notiert wurden. Diese Assoziationen können im nächsten Schritt zu Texten (z. B. Schilderungen, Berichten) verarbeitet werden.

Variante

Jeder Schüler denkt sich ein eigenes Thema aus, zu dem Assoziationen zusammengetragen werden sollen. Dabei bietet es sich an, ein Oberthema, z. B. Natur, vorzugeben. Sein eigenes Unterthema schreibt jeder oben auf sein Blatt, danach bekommt der Sitznachbar den Zettel und schreibt die erste Assoziation auf. Anschließend knickt er das Thema ab, sodass der Nächste nur noch die Assoziation lesen kann. Dann geht es weiter wie oben beschrieben.

Mandala mit Assoziationen

Thema: Textproduktion, z. B. Erörterung und Argumentation
Ziel: Vorwissen aktivieren, assoziieren, verschiedene Ideen zu einem vorgegebenen Thema sammeln, Anregungen zur Textproduktion erhalten
Alter: 5.–10. Klasse
Dauer: 10–15 Minuten
Sozialform: Einzel- oder Partnerarbeit
Material: evtl. pro Schüler oder Paar eine Mandala-Vorlage

Vorbereitung

Erstellen Sie ggf. Mandala-Kopiervorlagen in ausreichender Anzahl.

So geht's

Entweder erhalten die Schüler eine Mandala-Vorlage oder sie gestalten selbst Mandalas. Diese bestehen aus einem Quadrat in der Mitte, das von vier weiteren Quadraten umgeben ist, an die sich insgesamt acht Quadrate anschließen. Dabei ist darauf zu achten, dass die einzelnen Felder so groß sind, dass man Wörter oder sogar Sätze hineinschreiben kann.
In die Mitte des Ausgangsquadrats wird das Thema der Stunde geschrieben. Es könnte sich dabei z. B. um eine Erörterungsfrage handeln wie „Sollten Delfinarien geschlossen werden?".
In den benachbarten vier Quadraten notiert jeder seine Assoziationen zu diesem Thema. Weitere Assoziationen zu diesen vier Unteraspekten werden in die folgenden acht Quadrate geschrieben.
Anschließend kommen die Schüler in Kleingruppen zusammen und stellen sich gegenseitig ihre Mandalas vor. Danach können sie mithilfe der so gewonnenen Anregungen mit ihrer Textproduktion starten.

Methode 6-3-5

Thema: Auseinandersetzung mit einem Text oder einer bestimmten Fragestellung, freies Schreiben
Ziel: Vorwissen aktivieren, Ideen sammeln, strukturieren und weiterentwickeln
Alter: 8.–10. Klasse
Dauer: 15–20 Minuten
Sozialform: 6er-Gruppen
Material: pro Schüler ein 6-3-5-Formular

Vorbereitung

Erstellen Sie nach dem unten stehenden Muster ein 6-3-5-Formular und kopieren Sie es in der benötigten Anzahl.

Thema: ....

Idee 1	Idee 2	Idee 3

So geht's

Präsentieren Sie die Fragestellung, die bearbeitet werden soll, an der Tafel. Nun schreibt jeder Schüler auf seinem Blatt in jedes Felde der ersten Zeile einen Gedanken zur Ausgangsfrage und gibt den Zettel an seinen rechten Nachbarn weiter. Dieser ergänzt in der nächsten Zeile wiederum drei Einfälle, die sich auch auf die Gedanken seines Vorgängers beziehen dürfen. So geht es weiter, bis jedes Blatt von jedem Gruppenmitglied bearbeitet wurde. Anschließend können die Gruppen die Ideen, die ihnen am besten gefallen, markieren und im Plenum vorstellen.

Tipp

Diese Methode ist gut geeignet, um verschiedene Aspekte eines Themas zu betrachten. Stellen Sie dazu jeder Gruppe eine andere Ausgangsfrage.

Kopfstand

Thema: Verfassen bestimmter Textsorten
Ziel: Gelerntes einüben und wiederholen, Anleitungen für gelungene Texte erarbeiten, sich mit Schreibvorgängen auseinandersetzen
Alter: 5.–10. Klasse
Dauer: 10–15 Minuten
Sozialform: Kleingruppen
Material: pro Gruppe ein Plakat und einen dicken Filzstift, Klebeband

Vorbereitung

—

So geht's

Die Schüler arbeiten in Kleingruppen zusammen und sammeln auf ihrem Plakat Tipps zu einer vorgegebenen Fragestellung, z. B. „So schreibt man eine misslungene Personenbeschreibung" oder „So schreibt man ein schlechtes Gedicht".
Im Anschluss daran wird im Unterrichtsgespräch das Gegenteil erarbeitet, es wird also hervorgehoben, was man tun muss, damit ein Schreibvorhaben gelingt, und was einen gelungenen Text ausmacht.

Variante

Statt mit Plakaten arbeiten die Schüler mit Moderationskarten. Auf jedes Kärtchen schreiben sie mit einem dicken Filzstift einen Aspekt. Anschließend wird aus den Arbeitsergebnissen der verschiedenen Gruppen ein Cluster gebildet.

Tipps

- Diese Methode eignet sich für viele Fragestellungen und regt durch die paradoxe Herangehensweise zu neuen Ideen an. So könnten Sie z. B. auch „Tipps für eine misslungene Facharbeit" sammeln lassen.
- Falls Sie die Aufgabe stellen, „Tipps für einen erfolglosen Vortrag" zu erarbeiten, können Sie mit den Schülern Kurt Tucholskys Text „Ratschläge für einen schlechten Redner" in ihre Überlegungen mit einbeziehen: http://de.wikisource.org/wiki/Ratschl%C3%A4ge_f%C3%BCr_einen_schlechten_Redner

Gespielte Gefühle

Thema: Beschreibung, Charakterisierung
Ziel: Gelerntes einüben und wiederholen, Stimmungslagen erfassen und darstellen, Situationen vorspielen und erkennen
Alter: 5.–7. Klasse
Dauer: 5–10 Minuten
Sozialform: Klassenverband
Material: ca. 15 Stimmungskarten

Vorbereitung

Beschriften Sie ca. 15 Karten mit Gefühlen wie müde, gelangweilt, genervt, bockig, nervös, glücklich etc.

So geht's

Schreiben Sie eine alltägliche Situation an die Tafel, die in verschiedenen Stimmungslagen vorgespielt werden soll. Hier ein paar Beispiele:

- *Warten an einer Haltestelle*
- *Hausaufgaben machen*
- *an der Supermarktkasse anstehen*
- *ein Zimmer betreten*
- *telefonieren*

Ein oder zwei Schüler kommen nach vorne. Sie lesen, was auf der Stimmungskarte steht, die Sie ihnen zeigen, und spielen nun die auf der Tafel notierte Situation in der vorgegebenen Stimmungslage. Währenddessen versuchen die Mitschüler zu erraten, welches Gefühl dargestellt wird.
Danach sind die nächsten Schauspieler an der Reihe und präsentieren die Szene in einer anderen Stimmungslage.

Varianten

- Sie können auch pro Schauspielerteam unterschiedliche Situationen vorgeben.
- Noch interessanter, aber auch anspruchsvoller wird es, wenn die beiden Schauspieler ihre Situation in zwei unterschiedlichen Gefühlslagen darstellen sollen. Dabei agieren sie gleichzeitig vor der Klasse.

Das bin ich

Thema: Personenbeschreibung
Ziel: Gelerntes einüben und wiederholen, sich in der Lerngruppe besser kennen lernen, Ich-Aussagen formulieren, Informationen miteinander kombinieren, Schlussfolgerungen ziehen
Alter: 5.–7. Klasse
Dauer: 15–20 Minuten
Sozialform: Klassenverband (oder Kleingruppen)
Material: ein Blatt pro Schüler, Korb o. Ä. zum Einsammeln der Zettel

Vorbereitung

—

So geht's

Jeder notiert auf seinem Blatt vier bis sechs Sätze über sich selbst. Allerdings sollte dabei weder direkt Ersichtliches wie Haarfarbe oder Schmuck noch in der Klasse allgemein Bekanntes wie Lieblingsfächer oder Wohnort aufgeschrieben werden.
Hier ein paar Beispiele:

- *Ich habe einen roten Teppich in meinem Zimmer.*
- *Ich esse gern Spaghetti.*
- *Ich wünsche mir einen Hund.*
- *Ich habe früher Basketball im Verein gespielt.*
- *Ich bekomme 5 Euro Taschengeld in der Woche.*

Alle Zettel werden zusammengefaltet und in einem Korb gesammelt. Dann zieht ein Schüler einen Zettel heraus und liest die Statements vor. Die Zuhörer raten, wer sich hier beschrieben hat. Danach greift der Nächste in das Körbchen.

Variante

Das Spiel eignet sich auch gut als Vorbereitung zur Figurenanalyse. Die Schüler notieren dazu Aussagen, die zu einer der Figuren des behandelten Textes passen bzw. die sich aus dem Text ableiten lassen. Anschließend geht es weiter wie oben beschrieben.

Perspektivwechsel

Thema: Bildbeschreibung
Ziel: ein neues Thema einführen, Gelerntes einüben und wiederholen, Bilder aus verschiedenen Perspektiven beschreiben und weiterentwickeln, sich in andere Personen hineinversetzen
Alter: 5.–7. Klasse
Dauer: 15–20 Minuten
Sozialform: erst Kleingruppen, dann Plenum
Material: 15–20 Fotos oder (Kunst-)Postkarten, ggf. Klebeband

Vorbereitung

Stellen Sie 15–20 Fotos oder (Kunst-)Postkarten zusammen, auf denen entweder mehrere Personen zu sehen oder Landschaften dargestellt sind.

So geht's

Legen Sie alle Bilder auf einem Tisch im Klassenraum aus oder hängen Sie sie an die Wand bzw. Tafel. Die Schüler werden in Teams von drei bis fünf Personen aufgeteilt.
Jede Kleingruppe sucht sich ein Bild aus und sorgt dafür, dass es alle Gruppenmitglieder gut sehen können. Dann nehmen alle unterschiedliche Perspektiven ein, aus denen sie das Bild betrachten, und jeder beschreibt es. Man kann die Bildbeschreibung aus dem Blickwinkel einer der abgebildeten Person vornehmen oder sich eine weitere Figur ausdenken, deren Sicht man einnehmen möchte. Möglich ist etwa der Blick des Malers, der das Bild erschaffen hat, oder die Perspektive eines Tieres oder eines Fußgängers, der durch die dargestellte Landschaft geht. Anschließend präsentieren alle ihre zumindest stichpunktartig festgehaltenen Bildbeschreibungen im Plenum.

Variante

Statt Bildbeschreibungen können auch freie Texte verfasst werden wie Reportagen zu den auf der Abbildung gezeigten Situationen.

Tipp

Sie können einige Schüler ihre Beschreibung vorlesen lassen, ohne dass sie verraten, auf welches Bild sie sich damit beziehen und aus wessen Sicht sie erzählen. Das sollen die Mitschüler beim Zuhören erraten.

Fotostory

Thema: Texte zu einer Bildvorlage schreiben
Ziel: Gelerntes einüben und wiederholen, themenbezogene Fragen zu einem Bild stellen und angemessen beantworten, Zusammenhänge konstruieren, die Fantasie anregen
Alter: 5. – 10. Klasse
Dauer: 15 – 20 Minuten
Sozialform: Klassenverband
Material: OHP und Bildfolie, ein Blatt Papier pro Schüler

Vorbereitung

Wählen Sie ein Bild aus, das sich als Ausgangspunkt für eine Fotostory eignet, und kopieren Sie es auf Folie.

So geht's

Die Schüler haben fünf bis zehn Minuten Zeit, das Bild zu betrachten und sich Fragen dazu zu überlegen. Es kann sowohl nach Offensichtlichem als auch nach Dingen gefragt werden, die sich nur vermuten lassen.
Die Mitspieler schreiben ihre Fragen – in lesbarer Handschrift – auf ein Blatt Papier und geben dieses auf ein Zeichen von Ihnen an den rechten Nachbarn weiter. Dieser muss die Fragen beantworten.

Tipp

Daran kann sich der Auftrag anschließen, eine kurze Geschichte/Schilderung/Reportage zu dem Bild zu schreiben. Die ausgedachten Fragen helfen den Schülern dabei, Ideen für ihre eigenen Texte zu entwickeln.

Genau gesagt

Thema: Bildbeschreibung
Ziel: Gelerntes einüben und wiederholen, ein Bild mit treffenden Formulierungen präzise beschreiben
Alter: 5. – 10. Klasse
Dauer: 15 – 20 Minuten
Sozialform: Kleingruppen
Material: pro Schüler ein Bild mit dazugehörigem Arbeitsblatt, 4 – 6 Plakate, dicke Filzstifte, Kleber, Klebeband oder Magnete

Vorbereitung

Wählen Sie für eine Beschreibung geeignete Bilder aus. Je nach Klassengröße können Sie vier bis sechs verschiedene Fotos einsetzen. Erstellen Sie zu jedem Bild eine Bildbeschreibung bestehend aus Satzanfängen und Lückensätzen. Kopieren Sie die Bilder und Lückentexte in ausreichender Anzahl, sodass von jedem Set ungefähr gleich viele Exemplare vorhanden sind.

So geht's

Jeder erhält ein Bild sowie ein dazugehöriges Arbeitsblatt mit Satzanfängen bzw. Lückensätzen. Diese ergänzt er so, dass sein Bild möglichst treffend beschrieben wird.
Anschließend finden sich alle, die dasselbe Foto bearbeitet haben, als Gruppe zusammen, vergleichen ihre Sätze und wählen den jeweils am besten ergänzten aus. Dann kleben sie eines ihrer Fotos auf ein Plakat und notieren die gelungensten Beschreibungen darunter.
Diese Poster werden im Klassenraum aufgehängt und anschließend wie bei einem Museumsgang von allen angeschaut.

Sinneseindrücke sammeln

Thema: Beschreiben von Sinneseindrücken
Ziel: Gelerntes einüben und wiederholen, Beschreibungen üben, Sinneseindrücke in Worte fassen
Alter: 5.–10. Klasse
Dauer: 15–20 Minuten
Sozialform: erst Einzelarbeit, dann Klassenverband
Material: —

Vorbereitung

—

So geht's

Die Schüler erraten anhand von vorgegebenen Sinneseindrücken einen bestimmten Ort oder Gegenstand.

Veranschaulichen Sie diese Aufgabe zunächst mit einem Beispiel:
Nach jedem der folgenden vier Hinweise raten die Schüler, welcher Ort bzw. Gegenstand gemeint sein könnte:

1. *Es riecht nach Sonnenmilch und Kiefern.*
2. *Es schmeckt nach Eis und Limonade.*
3. *Man fühlt Sonne auf der Haut, Sand an den Füßen und eine klebrige Mischung von Wasser und Sonnencreme.*
4. *Man hört Wellenschlagen, Kindergeschrei, Rufe und Lachen.*

Wenn nach der Beschreibung der ersten vier Sinneseindrücke (riechen, schmecken, fühlen, hören) die Lösung noch nicht erraten wurde, wird genannt, was man sehen kann:

5. *Man sieht Menschen in Badekleidung, Sonnenschirme, Strandkörbe und Wasser.*

Lösung: Strand

Nach dieser Einführung suchen sich die Schüler selbst Orte oder Gegenstände aus und notieren in der oben beschriebenen Reihenfolge passende Sinneseindrücke dazu.
Wenn jeder ein oder zwei Dinge beschrieben hat, liest einer nach und nach seine Beobachtungen vor, die anderen erraten währenddessen, um was es sich handelt. Danach ist jemand anderes mit Vorlesen an der Reihe.

Text ohne Adjektive

Thema: Überarbeitung von Texten
Ziel: ein neues Thema einführen, Gelerntes einüben und wiederholen, passende Adjektive ergänzen, Texte überarbeiten, das Ausdrucksvermögen verbessern
Alter: 5.–7. Klasse
Dauer: ca. 15–20 Minuten (abhängig von der Länge des Textes)
Sozialform: Einzel- oder Partnerarbeit
Material: pro Schüler bzw. Paar eine Kopie

Vorbereitung

Wählen Sie einen für die Klasse geeigneten Text aus und streichen Sie darin alle Adjektive durch. Schreiben Sie den gekürzten Text mit großem Zeilenabstand ab und kopieren Sie dieses Arbeitsblatt in ausreichender Anzahl.

So geht's

Lesen Sie den Text zunächst vor und fragen Sie die Schüler, was ihnen daran auffällt. Thematisieren Sie dann im Unterrichtsgespräch das Fehlen der Adjektive. Teilen Sie jedem Schüler bzw. jedem Paar eine Kopie des Textes aus und fordern Sie die Klasse auf, so viele Adjektive wie möglich (oder eine bestimmte Anzahl) sinnvoll einzufügen.
Anschließend lesen einige ihre neuen Texte vor. Diskutieren Sie mit Ihrer Lerngruppe darüber, inwiefern sich die Texte durch die hinzugefügten Adjektive verändert haben und wie viele Adjektive einem Text guttun bzw. ihm wegen Überfrachtung schaden.
Erarbeiten Sie an konkreten Beispielsätzen, dass manche Adjektive wie „dünn" oder „dick" durch genauere Beschreibungen wie „zart", „mager", „schlank" bzw. „füllig", „mollig", „übergewichtig" etc. ersetzt werden können, um dem Text mehr Aussagekraft zu verleihen.

Variante

Auf ähnliche Weise können Sie vorgehen, wenn Sie den Fokus auf variantenreiche Satzanfänge legen wollen. Bereiten Sie für diese Übung einen Text vor, dessen Sätze immer gleich anfangen, z. B. mit „dann" oder einem Pronomen. Aufgabe für die Schüler ist, diesen Text durch abwechslungsreiche Satzanfänge interessanter und lesbarer zu gestalten.

Synonyme würfeln

Thema: Synonyme
Ziel: Gelerntes einüben und wiederholen, Synonyme finden, die eigenen Ausdrucksmöglichkeiten und den Wortschatz erweitern
Alter: 5.–10. Klasse
Dauer: 5–10 Minuten
Sozialform: Kleingruppen
Material: pro Gruppe je 1–3 Würfel und je einen Kartensatz, ggf. ein Wörterbuch

Vorbereitung

Notieren Sie auf Karteikarten jeweils einen Begriff, zu dem Sie von den Schülern Synonyme erarbeiten lassen wollen. Erstellen Sie auf diese Weise ein Kartenset und vervielfältigen Sie es in der benötigten Anzahl.

So geht's

Die Schüler finden sich in Kleingruppen zusammen. Jede Gruppe erhält ein bis drei Würfel sowie ein Kartenset. Der erste Spieler würfelt und addiert alle Augen miteinander. Dann zieht er eines der auf einem Stapel liegenden Kärtchen und liest den Begriff vor, der darauf steht, z. B. „sagen" oder „dann". Jedes Gruppenmitglied versucht so viele Synonyme zu dem vorgegebenen Wort zu finden, wie Augen erwürfelt wurden. Wenn der Erste es geschafft hat, hören alle auf zu schreiben. Nacheinander lesen die Schüler ihre Wörter vor. Ein Protokollführer schreibt mit und erstellt so eine Wörtersammlung. Diese kann später im Plenum ergänzt und als Plakat in der Klasse aufgehängt werden. Auf diese Weise erhalten die Schüler für die Produktion eigener Texte nützliche Anregungen zum Variieren bestimmter Begriffe.

Tipps

- Die Anzahl der Würfel und damit die Anzahl der zu findenden Synonyme kann der Leistungsfähigkeit der Gruppe angepasst werden.
- Nach jeder Spielrunde können aus einem Synonymlexikon weitere Begriffe herausgesucht und in der Liste ergänzt werden.

Geschichten würfeln

Thema: Textproduktion, z. B. Märchen und Fabeln
Ziel: Gelerntes einüben und wiederholen, Texte nach bestimmten Vorgaben verfassen, Stilmerkmale bestimmter Textgattungen berücksichtigen
Alter: 5.–7. Klasse
Dauer: 20–25 Minuten
Sozialform: erst Klassenverband, danach Einzelarbeit
Material: so viele Würfel wie möglich (am besten pro Schüler einen)

Vorbereitung

—

So geht's

Schreiben Sie an die Tafel nebeneinander Kategorien wie „Ort", „Situation", „Tier", „Prominenter", „Zeit". Die Themen hängen von der Textsorte ab, die im Folgenden entstehen soll.
Sammeln Sie gemeinsam mit den Schülern zu jedem Bereich sechs Wörter. Notieren Sie diese von eins bis sechs durchnummeriert untereinander unter den entsprechenden Kategorien.
Anschließend würfelt jeder Schüler so oft, wie es Kategorien gibt. Er notiert sich jeweils das Wort, das seiner gewürfelten Zahl entspricht. Auf diese Weise wird für jeden der äußere Rahmen „Wer trifft wen wann und wo in welcher Situation?" individuell gefüllt. Dieser Rahmen wird im Folgenden mit einem eigenen Text individuell ausgestaltet.

Dann verfassen die Schüler in Einzel- oder Partnerarbeit entweder zu einem vorgegebenen Genre oder in freier Form ihre Texte, in denen die erwürfelten Begriffe vorkommen.

Rhythmus-Gedicht

Thema: Rhythmik von Lyrik
Ziel: ein neues Thema einführen, Betonungsschemata bzw. Sprechrhythmen erproben
Alter: 5.–7. Klasse
Dauer: 15–20 Minuten
Sozialform: Klassenverband
Material: 20–30 Folienstreifen, Folienstift, OHP

Vorbereitung

Schneiden Sie eine OHP-Folie in 20–30 Streifen.

So geht's

Sammeln Sie mit der Klasse Begriffe zu einem vorgegebenen Thema, z. B. „Wasser". Achten Sie darauf, dass Wörter mit unterschiedlich vielen Silben zusammengetragen werden.
Schreiben Sie jeden Begriff auf einen Folienstreifen. Lassen Sie dann einzelne Schüler die Wörter auf dem OHP auf beliebige Weise in Versen anordnen. Sprechen Sie das so entstandene Gedicht rhythmisch vor, lassen Sie danach einige Schüler lesen. Dabei können Sie variieren: Mal präsentiert jeder nur eine Zeile, mal tauschen Sie einzelne Wörter aus, sodass ein anderer Rhythmus entsteht, oder mehrere Personen lesen im Chor. Nach ein paar Durchgängen kann ein anderer Schüler die Wörter zu einem neuen Gedicht umsortieren. Sprechen Sie anschließend mit der Klasse darüber, wie sich der Rhythmus des Gedichts verändert, je nachdem, wie viele Silben die ausgewählten Wörter haben und wie lang die verschiedenen Zeilen sind.

Tipp

Statt am OHP können Sie auch mit Kärtchen arbeiten, die mit großen Buchstaben beschriftet und mit Magneten bzw. Klebestreifen an der Tafel befestigt werden. Auch Post-its® eignen sich gut für diese Übung.

Jedes siebte Wort (1/2)

Thema: Lyrik
Ziel: Gelerntes einüben und wiederholen, Gedichte verfremden, den Rhythmus von Gedichten wahrnehmen, Texte grammatikalisch anpassen, mit dem Wörterbuch arbeiten
Alter: 5.–10. Klasse
Dauer: 15–20 Minuten
Sozialform: Einzelarbeit
Material: möglichst für jeden Schüler ein Wörterbuch, Kopien von Gedichten

Vorbereitung
Wählen Sie für die Schüler geeignete Gedichte aus.

So geht's
Jeder Schüler bekommt die Kopie eines Gedichts. Seine Aufgabe ist es, alle Nomen des Textes nach einer bestimmten Vorgabe zu ersetzen und die Form des Gedichts grammatikalisch entsprechend anzupassen. Bei dieser ursprünglich auf Queneau zurückgehenden Methode soll jedes Nomen durch das siebte ersetzt werden, das im Wörterbuch auf das Ausgangswort folgt. Denkbar sind aber auch andere Vorgaben, wie das direkt folgende oder davorstehende Nomen, das fünfte oder das achte usw. zu nehmen.
Hier ein Beispiel – links steht das Originalgedicht von Hoffmann von Fallersleben.
Als Ersatz für die unterstrichenen Begriffe wurde jeweils das siebte darauf im Wörterbuch folgende Nomen in den Text eingepasst.

Jedes siebte Wort (2/2)

Winternacht

Wie ist so herrlich die
Winternacht
Es glänzt der Mond in voller Pracht
Mit den silbernen Sternen am
Himmelszelt.

Es zieht der Frost durch Wald und
Feld
Und überspinnet jedes Reis
Und alle Halme silberweiß.

Er hauchet über dem See, und im
Nu,
Noch eh' wir's denken, friert er zu.

So hat der Winter auch unser
gedacht
Und über Nacht uns Freude
gebracht.
Nun wollen wir auch dem Winter
nicht grollen
Und ihm auch Lieder des Dankes
zollen.

Wintersachen

Wie sind so herrlich die
Wintersachen
Es glänzt die Mondfähre in
vollem Prachtkerl
Mit der silbernen Sterndeutung
am Hindernisrennen
Es zieht der Frostschaden durch
Waldeinsamkeit und Feldflur
Und überspinnet alle Halogenide
silberweiß

Es hauchet über den Seeblick
und in Nubuk.

So hat der Winterfahrplan auch
unser gedacht
Und über den Nachteil uns
Freudenmädchen gebracht
Nun wollen wir auch dem
Winterfahrplan nicht grollen
Und ihm auch die Liedermacherin
der Dankesworte zollen.

(Quelle: www.wikisource.org/wiki/Winternacht_[Joseph_von_Eichendorff])

Tipp

Nach der Textmodifikation können die Schüler das neu entstandene Gedicht noch ein bisschen sprachlich glätten. Im hier vorgestellten Muster könnte man z. B. „Mit der silbernen Sterndeutung beim Hindernisrennen" schreiben, weil das besser klingt. Auch vollkommen unpassende Wörter (wie hier Prachtkerl) könnten ersetzt werden.

Lesen und Verstehen

Was sagt uns das?

Thema: Beginn einer Lektüre oder einer neuen Unterrichtsreihe
Ziel: ein neues Thema einführen, Ideen sammeln, Zitate auswerten, Hypothesen bilden, Interpretationen formulieren
Alter: 5.–10. Klasse
Dauer: 10–15 Minuten
Sozialform: Klassenverband
Material: evtl. OHP, evtl. Folien mit ausgewählten Zitaten

Vorbereitung

Stellen Sie Zitate zusammen, die aus der zu behandelnden Lektüre stammen oder die thematisch zu Ihrer neuen Unterrichtsreihe passen.

So geht's

Lesen Sie der Klasse das erste Zitat vor und zeigen Sie es zur Verdeutlichung auch auf dem OHP. Jeder notiert dazu in maximal drei Sätzen, was damit gemeint ist bzw. welche Aussage sich dahinter verbirgt. Dann präsentieren die Schüler im Plenum ihre Ergebnisse. Welche verschiedenen Ideen gab es? Welche Interpretationen wurden von den meisten geäußert?
Danach geht es mit dem nächsten Zitat weiter.

Variante

Teilen Sie die einzelnen Kapitel der Lektüre innerhalb der Klasse auf. Lassen Sie die Schüler in Kleingruppen ein Zitat aus ihrem Kapitel auswählen und auf einen Papierstreifen schreiben. Kleben Sie diese Zitate auf große Bögen Papier (z. B. Flipchartpapier). Die Schüler können mit dicken Stiften ihre Deutungen der Zitate und Ideen dazu darauf notieren.

Tipp

Wenn Sie Aussprüche berühmter Persönlichkeiten zu einem bestimmten Thema suchen, werden Sie im Internet beispielsweise unter www.aphorismen.de fündig.

Reinhören

Thema: epische oder lyrische Texte
Ziel: ein neues Thema einführen, den Schülern durch Hören einen neuen Textzugang ermöglichen, Inhalte zusammenfassen, Eindrücke formulieren
Alter: 5.–10. Klasse
Dauer: abhängig von der Länge des präsentierten Textausschnitts
Sozialform: Klassenverband
Material: Hörtext, CD-Player (oder Laptop mit Lautsprechern)

Vorbereitung

Besorgen Sie, wenn vorhanden, das Hörbuch zu dem von Ihnen im Unterricht behandelten Text bzw. eine Vertonung des zu untersuchenden Gedichts. Wählen Sie ggf. einen geeigneten Auszug daraus aus.

So geht's

Steigen Sie mit den Schülern mit einem Hörimpuls in einen neuen Text ein. Präsentieren Sie die Rezitation eines Gedichts bzw. einen Ausschnitt aus einem Hörbuch.
Stellen Sie Fragen wie z. B.:

- *Worum geht es im Text, welche Aspekte werden angesprochen?*
- *Welchen Eindruck gewinnt ihr von dem Text?*
- *Wie wirkt der Text auf euch?*
- *Was glaubt ihr, was vorher passiert ist und/oder wie es weitergehen könnte? (bei einem Romanauszug z. B.)*

Variante

Alternativ könnten Sie auch, wenn vorhanden, einen kurzen Filmausschnitt zeigen.

Tipp

Gut geeignet für diese Zwecke sind die Lyrik-Rezitationen von Lutz Görner. Mehr dazu finden Sie auf der Website www.rezitator.de.

Stegreifspiel

Thema: literarische Texte
Ziel: ein neues Thema einführen, Vorwissen aktivieren, Textszenen vorspielen
Alter: 5.–10. Klasse
Dauer: 15–20 Minuten
Sozialform: Kleingruppen
Material: Stoppuhr

Vorbereitung

—

So geht's

Geben Sie der Klasse das Thema oder den Schauplatz eines literarischen Textes vor, der in dieser Unterrichtsreihe behandelt werden soll aber noch nicht bekannt ist. Wenn z. B. die Kurzgeschichte „Die unwürdige Greisin" von Bertolt Brecht auf dem Plan steht, könnten Sie das Thema „Gespräche mit der Oma" vorgeben. Wenn es um Großstadtlyrik geht, könnten die Szenen zum Thema „Fußgängerzone" entwickelt werden.
Die Schüler arbeiten in Kleingruppen und haben einige Minuten Zeit, um sich das, was sie vorspielen wollen, ungefähr zu überlegen. Nach spätestens fünf Minuten führt das erste Team seine Szene der Klasse vor. Damit möglichst viele an die Reihe kommen, sollten Sie diese Darbietung nach zwei bis drei Minuten (Stoppuhr) beenden.
Die Zuschauer geben der gezeigten Szene einen Titel, der an der Tafel festgehalten wird. Danach spielen weitere Gruppen ihre Szenen vor.

Variante

Sie können den Schülern auch vorgeben, dass sie ihre Szenen ausschließlich pantomimisch darstellen müssen. Nach der Präsentation können die Zuschauenden Ideen dazu äußern, was dabei hätte gesagt werden können.

Tipp

So können Sie mit den vorgespielten Szenen weiterarbeiten: Die Schüler suchen sich eine davon aus und schreiben, wie sich die Situation entwickelt, oder sie untersuchen, in welchem Zusammenhang sie mit der geplanten Lektüre steht. Dazu können Sie den Klappentext des entsprechenden Buches oder eine Inhaltsangabe zur ersten Orientierung austeilen.

Wortwolken

Thema: fiktionale Texte
Ziel: ein neues Thema einführen, Vorwissen aktivieren, sich mit verschiedenen Aspekten des Themas auseinandersetzen und Interesse daran wecken
Alter: 5.–10. Klasse
Dauer: 5–10 Minuten
Sozialform: Klassenverband
Material: eine Folie mit einer Wortwolke, OHP

Vorbereitung

Erstellen Sie eine Wortwolke (= Visualisierung einer Schlagwortliste in flächiger Anordnung) mit Begriffen, die zu Ihrem neuen Thema oder dem zu untersuchenden Text passen. Dabei können Sie auf Programme wie Wordle, WordItOut oder Tagxedo zurückgreifen.

So geht's

Zeigen Sie den Schülern die Wortwolke mit dem OHP und sprechen Sie mit ihnen darüber, was die darin vorkommenden Wörter mit der neuen Thematik zu tun haben. Sammeln Sie an der Tafel weitere Stichpunkte, mit denen die Wortwolke ergänzt werden könnte.

Variante

Schmuggeln Sie in die Wortwolke einige Begriffe hinein, die nichts mit dem Thema zu tun haben. Es muss herausgefunden und begründet werden, um welche Wörter es sich handelt.
Sie können die Schüler auch selbst am PC solche Wortwolken anfertigen lassen.

Tipp

Wortwolken eignen sich sehr gut als Illustration für Postkarten oder Lesezeichen.

Themenbild kritzeln

Thema: fiktionale Texte
Ziel: ein neues Thema einführen, Vorwissen aktivieren, Ideen sammeln, Annäherung an das Thema des Textes, Sammlung von Assoziationen, Beschreiben und Auswerten von Skizzen
Alter: 7.–10. Klasse
Dauer: 15–20 Minuten
Sozialform: Partnerarbeit oder Kleingruppen
Material: Klebeband, Sanduhr, pro Gruppe ein Plakat und einige dicke Filzstifte

Vorbereitung

—

So geht's

Schreiben Sie den Titel oder das Thema des Textes, der in der Stunde erarbeitet werden soll, an die Tafel. Teilen Sie die Schüler in 3er- oder 4er-Gruppen ein und geben Sie ihnen fünf Minuten Zeit (Sanduhr), ihre Assoziationen dazu auf ihrem Plakat zu skizzieren. Dabei darf nur gemalt und nicht geschrieben werden.
Es bleibt den Teams überlassen, ob sie gemeinsam ein Bild erschaffen oder mehrere unzusammenhängende Zeichnungen zu Papier bringen wollen.
Anschließend kommt die erste Gruppe mit ihrem Bild nach vorn und hängt es an die Tafel. Die anderen spekulieren, was dargestellt wurde. Darauf reagieren die Zeichner und korrigieren bzw. ergänzen die geäußerten Vermutungen.
Danach wird die nächste Skizze präsentiert.

Fließendes Gedicht

Thema: Lyrik
Ziel: ein neues Thema einführen, Unterschiede zwischen Prosa und Lyrik verdeutlichen, die Struktur von Gedichten kennen lernen, Texte sinnvoll gliedern
Alter: 5.–7. Klasse
Dauer: 5–10 Minuten
Sozialform: Einzelarbeit
Material: pro Schüler eine Kopie des veränderten Gedichts, eine Folie mit dem Originalgedicht, OHP

Vorbereitung
Wählen Sie ein zu Ihrer Unterrichtsreihe passendes Gedicht aus und kopieren Sie es auf eine Folie. Schreiben Sie dann das Gedicht als Fließtext ab (siehe unten stehendes Beispiel) und erstellen Sie davon Kopien in der benötigten Anzahl.

So geht's
Jeder Schüler erhält eine Kopie mit dem Gedicht als Fließtext.
Hier ein Beispiel:

Herbsttag

Rainer Maria Rilke
Herr: Es ist Zeit. Der Sommer war sehr groß. Leg deinen Schatten auf die Sonnenuhren, und auf den Fluren lass die Winde los. Befiehl den letzten Früchten voll zu sein; gib ihnen noch zwei südlichere Tage, dränge sie zur Vollendung hin und jage die letzte Süße in den schweren Wein. Wer jetzt kein Haus hat, baut sich keines mehr. Wer jetzt allein ist, wird es lange bleiben, wird wachen, lesen, lange Briefe schreiben und wird in den Alleen hin und her unruhig wandern, wenn die Blätter treiben.

(Quelle: www.staff.uni-mainz.de/pommeren/Gedichte/rilke1.html)

Die Schüler sollen den Text so umformen, dass ein Gedicht mit mehreren Strophen entsteht. Danach stellen sie ihre Ergebnisse im Plenum vor und begründen ihre Aufteilung. Zum Schluss präsentieren Sie mit dem OHP das Originalgedicht und sprechen mit Ihrer Lerngruppe über die unterschiedliche Wirkung von verschiedenen Zeilen- und Strophenanordnungen.

Zerschnipselte Texte

Thema: Kurzprosa oder Lyrik
Ziel: ein neues Thema einführen, Gelerntes einüben und wiederholen, Lesekompetenz trainieren, Rechtschreibung und Zeichensetzung üben
Alter: 5.–7. Klasse
Dauer: abhängig von der Länge des Textes
Sozialform: Einzel- oder Partnerarbeit
Material: pro Schüler bzw. Paar eine Kopie des Schnipseltextes

Vorbereitung

Erstellen Sie einen Schnipseltext, also einen Text, der nur aus Großbuchstaben besteht und bei dem sowohl die Silbentrennung als auch die Zeichensetzung völlig außer Kraft gesetzt wurde (siehe unten stehendes Beispiel). Fertigen Sie davon Kopien in der benötigten Anzahl an.

So geht's

Jeder Schüler bzw. jedes Paar erhält eine Kopie mit einem Schnipseltext wie beispielsweise diesem:

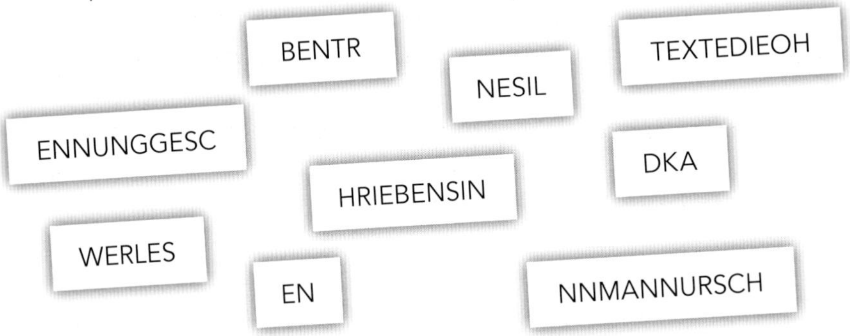

Die Schüler sollen den Text als Fließtext abschreiben und dabei die Regeln der Orthografie berücksichtigen. Dabei geht es zum einen um das Erkennen von Wortgrenzen, zum anderen um die korrekte Groß- und Kleinschreibung sowie um die Zeichensetzung.

Tipp

Geben Sie die Hausaufgabe, einen solchen Text für die Mitschüler zu erstellen. Auf die Rückseite des Blattes mit dem Schnipseltext sollte die Lösung notiert werden, damit die Schüler selbstständig mit diesem Material arbeiten können.

Gedichtpuzzle am OHP

Thema: Lyrik
Ziel: ein neues Thema einführen, Gelerntes einüben und wiederholen, Gedichttexte rekonstruieren, Textbausteine sinnvoll ordnen
Alter: 5.–10. Klasse
Dauer: 5–10 Minuten
Sozialform: Klassenverband
Material: ein Gedicht auf Folie, dasselbe Gedicht in Form von Gedichtschnipseln auf Folienstreifen, OHP

Vorbereitung

Kopieren Sie ein kürzeres Gedicht auf zwei Folien. Zerschneiden Sie nun die eine in Streifen, auf denen einzelne Wörter oder Wortgruppen stehen.

So geht's

Präsentieren Sie der Klasse die Gedichtschnipsel auf dem OHP. Entwickeln Sie zuerst gemeinsam Kriterien, wie man diese Bausteine sortieren könnte (z. B. nach Reimen, Wortarten, Dingen, die offensichtlich zusammenpassen), um sich einen Überblick über das Ausgangsmaterial zu verschaffen.
Lassen Sie dann die Schüler diese Schnipsel zu einem eigenen Gedicht kombinieren.
Wenn Sie möchten, dass das Originalgedicht entsteht, können Sie als Hilfestellung jeweils das erste und letzte Wort einer Zeile vorgeben. Präsentieren Sie in diesem Fall zum Schluss die Folie mit dem Originaltext.

Variante

Statt am OHP im Klassenverband zu arbeiten, können Sie den Schülern die Gedichtschnipsel auch in Papierform in Briefumschlägen aushändigen und sie in Partnerarbeit daraus ein Gedicht zusammensetzen lassen.

Tipps

- Bei langen Gedichten empfiehlt es sich, nur eine Strophe zu erarbeiten.
- Die Projektion des Gedichts können Sie gut zum Auswendiglernen nutzen: Lesen Sie den Text mit den Schülern im Chor laut vor, entfernen Sie einige Schnipsel und lassen Sie erneut lesen. In weiteren Durchgängen nehmen Sie immer mehr Textschnipsel weg.

Mit viel Gefühl

Thema: Gedichtvortrag
Ziel: Gelerntes einüben und wiederholen, Gedichte in bestimmten Stimmungslagen und Rollen vortragen
Alter: 5.–10. Klasse
Dauer: 5–10 Minuten
Sozialform: Klassenverband
Material: ca. 10 Stimmungskarten oder 10 Rollenkarten, Kopien verschiedener Gedichte

Vorbereitung

Bereiten Sie zehn Stimmungskarten oder zehn Rollenkarten vor. Notieren Sie dazu auf den Karten entweder jeweils ein Gefühl (z. B. müde, gelangweilt, traurig etc.) oder eine Berufsbezeichnung (z. B. Pastor, Nachrichtensprecher, General etc.). Wählen Sie kurze Gedichte aus, die zur Unterrichtsreihe passen, und kopieren Sie diese.

So geht's

Geben Sie einem Schüler die Kopie eines Gedichts und eine Stimmungskarte bzw. eine Rollenkarte. Der Schüler muss nun das Gedicht so vortragen, dass das auf der Karte notierte Gefühl bzw. der auf der Karte genannte Beruf deutlich wird. Die Zuhörer erraten, welche Stimmung bzw. welcher Beruf dargestellt wird.

Variante

Wählen Sie ein langes Gedicht mit mehreren Strophen aus und lassen Sie jede Strophe in einer anderen Gefühlslage vortragen. Überlegen Sie anschließend mit den Schülern, welche Emotionen am besten zur Stimmung des Gedichts passen.

Standbilder erstellen

Thema: längere fiktionale Texte
Ziel: ein neues Thema einführen, Vorwissen aktivieren, Erwartungen und Vermutungen zu einem Text formulieren und schauspielerisch darstellen
Alter: 5.–10. Klasse
Dauer: 15–20 Minuten
Sozialform: Kleingruppen
Material: —

Vorbereitung

—

So geht's

Schreiben Sie den Titel einer den Schülern bislang unbekannten Geschichte bzw. der Lektüre, die demnächst gelesen werden soll, an die Tafel. Entscheiden Sie selbst, ob Sie zusätzliche Informationen zum Inhalt des Textes bzw. zu auftretenden Personen geben möchten.
Lassen Sie die Schüler dann in Kleingruppen ein Standbild zu der Überschrift erstellen, indem sie ihre Vorstellung von dem Thema präsentieren.

Variante

Setzen Sie diese Methode ein, wenn Sie den Text bereits im Unterricht behandelt haben. Lassen Sie die Schüler auf diese Weise z. B. Schlüsselszenen darstellen.

Tipp

Fotografieren Sie die Standbilder mit einer Digitalkamera, dann können Sie auch in späteren Unterrichtsstunden noch mit diesen Skulpturen arbeiten. Reizvoll wäre es beispielsweise, sich zum Abschluss der Unterrichtsreihe noch einmal gemeinsam die anfangs entstandenen Standbilder anzuschauen.

Wunschfragen

Thema: Textinhalte erarbeiten
Ziel: Gelerntes einüben und wiederholen, Fragen zum Text formulieren und beantworten, das Textverständnis prüfen
Alter: 7.–10. Klasse
Dauer: 10–15 Minuten
Sozialform: Einzelarbeit
Material: bereits bekannter Ausgangstext

Vorbereitung

—

So geht's

Stellen Sie der Klasse die Aufgabe, sich acht bis zehn Fragen zu einem bereits im Unterricht behandelten Text auszudenken, die sie selbst gern beantworten würden. Jeder Schüler schreibt seine Fragen auf einen Zettel.
Dann vergleichen Sitznachbarn gemeinsam ihre Fragen. Jedes Paar sucht zwei Fragen aus, die im Plenum vorgelesen und von den Mitschülern beantwortet werden.

Variante

Die Fragen werden alle einzeln auf Zettel geschrieben und in einem Korb gesammelt. Anschließend ziehen die Schüler jeweils eine Frage, die sie beantworten müssen.

Tipp

Je nach Ausgangstext können Sie vorgeben, ob die Schüler nach Fakten oder nach Einstellungen fragen sollen.

Fehlertext

Thema: Sachtexte
Ziel: Wissen abfragen/prüfen, konzentriert zuhören, Textinhalte wiedergeben, fehlerhafte Informationen erkennen
Alter: 5. – 10. Klasse
Dauer: 10 – 15 Minuten
Sozialform: Klassenverband
Material: ein Fehlertext

Vorbereitung
Erstellen Sie einen Fehlertext zu einem zuvor im Unterricht behandelten Thema oder einem gemeinsam erarbeiteten (Sach-)Text.

So geht's
Lesen Sie der Klasse in langsamem Tempo den Fehlertext vor.
Geben Sie den Schülern dann ein paar Minuten Zeit, um die Fehler, die sie beim Zuhören entdeckt haben, stichpunktartig zu notieren. Sie können ggf. den Text zur Kontrolle noch einmal vorlesen.
Zum Schluss werden die Ergebnisse im Plenum miteinander verglichen und die Fehler korrigiert.

Variante
Die Schüler erstellen in Kleingruppen selbst entsprechende Fehlertexte, die sie anschließend im Plenum vorlesen.
Jeder erhält eine rote Karte, die er hochhalten muss, wenn er einen Fehler hört. Oder er ruft „Stopp". Das darf er aber nur, wenn er das falsch Gesagte auch verbessern kann.

Tipp
Als kleine Hilfestellung können Sie den Schülern verraten, wie viele Fehler sie in dem Text entdecken müssen.

Wahrheit oder Lüge?

Thema: Lektüre
Ziel: Wissen abfragen/prüfen, Gelerntes einüben und wiederholen, Lektürekenntnisse prüfen
Alter: 5.–10. Klasse
Dauer: 10–15 Minuten
Sozialform: erst Einzel- oder Partnerarbeit, dann Klassenverband
Material: pro Schüler vier mit A, B, C und D beschriftete Karten

Vorbereitung

Beschriften Sie pro Schüler je eine Karte (mindestens Karteikartengröße) mit je einem Buchstaben (*A, B, C* und *D*).

So geht's

Zunächst formulieren die Spieler in Einzel- oder Partnerarbeit insgesamt vier Sätze zur aktuellen Lektüre, die wahre und/oder falsche Aussagen enthalten. Sie schreiben die Sätze auf und kennzeichnen sie mit den Buchstaben *A, B, C* und *D.*

Dann liest der Erste seine vier Behauptungen vor. Die anderen hören zu und entscheiden am Ende, welcher Satz bzw. welche Sätze falsche Aussagen enthalten. Nun heben die Schüler die jeweilige Buchstabenkarte hoch, um ihre Lösung zu zeigen. Nach der Auswertung werden die falschen Sätze gemeinsam zu wahren Aussagen umformuliert.

Danach präsentiert der Nächste seine Behauptungen und es geht weiter wie oben beschrieben.

Galeriegang

Thema: Interpretation von literarischen Texten
Ziel: Ideen sammeln, Gelerntes einüben und wiederholen, Fragen zu Texten beantworten, Ideen diskutieren und weiterentwickeln
Alter: 7.–10. Klasse
Dauer: 15–20 Minuten
Sozialform: Kleingruppen
Material: 3–4 Plakate (Flipchartbögen), ca. 3–4 dicke Filzstifte, Klebeband, Stoppuhr, Gong o. Ä.

Vorbereitung

Schreiben Sie auf jedes Plakat eine andere Frage zum Text, der untersucht werden soll. Die Frage sollte genügend Interpretationsspielraum lassen.

So geht's

Hängen Sie die Plakate weit voneinander entfernt im Klassenraum auf, sodass davor jeweils eine Schülergruppe ausreichend Platz hat. Teilen Sie die Schüler in so viele Gruppen auf, wie Sie Plakate aufgehängt haben. Jedes Team versammelt sich vor einem Poster und bekommt einen Filzstift. Nun haben die Schüler fünf Minuten Zeit, um miteinander die Frage auf dem Plakat zu diskutieren. Dabei notieren sie mit den Filzstiften in Stichpunkten ihre wichtigsten Überlegungen. Auf ein Signal von Ihnen (Gong) rotiert jede Gruppe zum nächsten Plakat, liest sich die Bemerkungen der Vorgänger durch, diskutiert ebenfalls über die Frage und ergänzt eigene Ideen. Dann geben Sie wiederum ein Signal und alle Teams wechseln zum nächsten Poster. So geht es weiter, bis jede Gruppen alle Plakate bearbeitet hat.
Zum Schluss werden die Ergebnisse im Plenum ausgewertet.

Variante

Diese Methode können Sie vielfältig einsetzen, z. B. könnten Sie verschiedene Bilder beschreiben oder Wortfelder erstellen lassen.

Tipp

Geben Sie im ersten Durchgang etwas mehr Bearbeitungszeit als in den späteren Phasen. Am Anfang benötigen die Schüler nämlich Zeit, um sich auf die Aufgabenstellung einzulassen und in Schwung zu kommen. Wenn bereits einige Gruppen an einem Plakat gearbeitet haben, gibt es für die anderen meist nicht mehr so viel Diskussions- und Ergänzungsbedarf.

Kartenabfrage

Thema: fiktionale Texte
Ziel: Gelerntes einüben und wiederholen, Ideen sammeln, Leseeindrücke ermitteln, thematische Schwerpunkte des Gelesenen feststellen, Stimmungsbilder in der Lerngruppe aufzeigen, weitere Arbeitsschritte planen
Alter: 7.–10. Klasse
Dauer: 15–20 Minuten
Sozialform: Kleingruppen
Material: Moderationskarten in verschiedenen Farben (die Menge hängt von der Anzahl der zu bearbeitenden Fragen sowie der Anzahl der Gruppen ab), für jede Gruppe einen dicken Filzstift, 1–2 Pinnwände, viele Pinnwandnadeln

Vorbereitung

Überlegen Sie sich die Fragen, die Sie mit der Klasse bearbeiten möchten, und notieren Sie jede einzeln auf einer andersfarbigen Moderationskarte, z. B.:

- *rote Karte: Welche Szenen/Stellen der Lektüre sind besonders wichtig?*
- *blaue Karte: Welche Aspekte der Lektüre sollten besprochen werden?*
- *grüne Karte: Was ist bislang bei der Lektüre unklar geblieben?*

Stellen Sie nun für jede Gruppe ein Kartenset zusammen: Jedes Team bekommt drei leere Karten von jeder Farbe sowie einen dicken Filzstift.

So geht's

Pinnen Sie die vorbereiteten Fragekarten nebeneinander an die Moderationswand. Teilen Sie die Klasse in 4er- oder 5er-Gruppen auf und geben Sie jedem Team ein Kartenset sowie einen dicken Filzstift. Die Schüler diskutieren nun die Fragen und notieren stichpunktartig auf den farbig jeweils dazu passenden Kärtchen eine Antwort. Anschließend werden alle Karten unter die entsprechende Frage an die Pinnwand gehängt und thematisch sortiert.
Diese Ideensammlung gibt Ihnen einen Überblick über den Wissensstand der Schüler und hilft Ihnen bei der weiteren Konzeption der Unterrichtsreihe.

Tipp

Die Anzahl der an die Gruppen ausgegebenen Karten ist variabel. Beachten Sie, dass diese Methode umso länger dauert, je mehr Kärtchen zu beschriften sind.

Schreibgespräch

Thema: fiktionale Texte
Ziel: Gelerntes einüben und wiederholen, Ideen sammeln, zu Zitaten Stellung nehmen, Texte interpretieren
Alter: 5. – 10. Klasse
Dauer: 10 – 15 Minuten
Sozialform: Kleingruppen
Material: 4 – 5 Bögen Wandzeitungspapier bzw. 4 – 5 Flipchartblätter, Klebeband, pro Schüler einen dicken Filzstift

Vorbereitung

Wählen Sie aus Ihrer aktuellen Klassenlektüre vier bis fünf Zitate aus und schreiben Sie diese jeweils auf einen Papierstreifen. Kleben Sie diese Streifen auf je ein Flipchartblatt oder auf je einen Bogen Wandzeitungspapier.

So geht's

Die Schüler werden in Kleingruppen aufgeteilt und erhalten jeweils ein Flipchartblatt bzw. einen Bogen Wandzeitungspapier. Sie werden aufgefordert, ihr Zitat, ohne miteinander zu reden, zu bearbeiten. Dazu nimmt jeder schriftlich zu dem Zitat Stellung, liest die Kommentare der anderen und reagiert wiederum darauf – ebenfalls nur schriftlich.
Anschließend präsentieren alle im Plenum die Ergebnisse ihres Schreibgesprächs.

Tipp

Sie können diese Übung mit unterschiedlichen Zitaten durchführen oder jeder Gruppe dasselbe Zitat geben. Möglich wäre es auch, immer zwei Teams dasselbe Zitat bearbeiten zu lassen. Nach der stummen Schreibphase tauschen sich diese Gruppen über ihre Arbeitsergebnisse aus.

Medientipps

Literatur

Jochen und Monika Grell:
Unterrichtsrezepte.
Beltz, 2010.
ISBN 978-3-407-25541-9

Johannes Greving/Liane Paradies:
Unterrichts-Einstiege.
Cornelsen-Scriptor, 2011.
ISBN 978-3-589-23157-7

Günther Gugel:
2000 Methoden für Schule und Lehrerbildung.
Das große Methoden-Manual
für aktivierenden Unterricht.
Beltz, 2011.
ISBN 978-3-407-25555-6

Bryan Harris:
Mehr Motivation und Abwechslung im Unterricht.
99 Methoden zur Schüleraktivierung.
Verlag an der Ruhr, 2013.
ISBN 978-3-8346-2328-7

Jessica Lütge:
55 Spiele für gelingende Unterrichtsphasen für Einstieg, Erarbeitung und Stundenabschluss.
Verlag an der Ruhr, 2012.
ISBN 978-3-8346-2242-6

Alexandra Piel:
Sprache(n) lernen mit Methode.
170 Sprachspiele für den Deutsch-
und Fremdsprachenunterricht.
Verlag an der Ruhr, 2002.
ISBN 978-3-86072-740-0

Alexandra Piel:
Spiele zur Unterrichtsgestaltung Deutsch.
Verlag an der Ruhr, 2013.
ISBN 978-3-834-62330-0

Arthur Thömmes:
Produktive Unterrichtseinstiege.
100 motivierende Methoden
für die Sekundarstufe.
Verlag an der Ruhr, 2005.
ISBN 978-3-8346-0022-6

Link

www.sn.schule.de/~sud/
methodenkompendium/module/1/1.htm

Bildnachweise der Kapiteldeckblätter